別拿他人的過錯來懲罰

上司好兇，都是我的錯？
世界，美好其實就在身邊

王郁陽
羅烈文　編著

「唯有將抱怨的心態，化為上進的力量，才是成功的保證。」
——羅曼·羅蘭

社會職場上的生存公式你不可不知，
樂觀心態 × 積極努力 =
你值得擁有的收穫！

崧燁文化

目錄

目錄

第三章　停止抱怨，熱愛工作

目錄

第六章　抱怨問題不如解決問題

目錄

第九章　語言的威力無窮

目錄

第十章　停止抱怨，快樂生活

序言

抱怨，一個世界上絕大多數人用自己的實際行動去演繹、去刻劃、去詮釋，卻鮮少有人能夠直面它、阻止它、戰勝它；一個讓智者失去理智，讓愚者變得瘋狂，讓人失去自我的「惡魔」。它悄無聲息地潛伏在你身邊，只等時機合適時，便現身在生活中，擾亂你的思緒，使你無法輕鬆、快樂地生活。

我不否認，這個世界上值得我們抱怨的事情太多，諸如遭遇天災、被好友背叛、身染疾病、被公司裁員、精神焦慮、安全感缺失……這些都會讓我們抱怨不斷。

那為什麼我們會抱怨呢？因為我們將抱怨當作情緒宣洩的出口，試圖以此來逃避自己應該承擔的責任。但事實上，抱怨並不能讓解決問題，也無法減輕內心的痛苦。當我們抱怨自己認定的不公平時，那行為可笑得如同用汽油來滅火，抱怨不但無法得到消除，反而會為我們帶來嚴重的災難。

當然，並非所有人都能意識到抱怨的危害，或者說，即便有所意識，也沒有給予足夠的重視，以至於讓抱怨繼續橫行無忌。

在我有記憶以來，抱怨似乎就沒有離開過我的世界，求學時抱怨家境不好，工作時抱怨薪水低、抱怨同事難相處、抱怨主管缺乏和伯樂一樣的眼光，卻從來沒想到要完善自我，停止抱怨。直到三年前一次偶然的機會，我從朋友那裡借閱了由東杜法王仁波切先生著、鄭振煌教授翻譯的《心靈神醫》一書，才真正意識到，導致身心不健康、生活沒有樂趣的罪魁禍首不是沉重的工作壓力，不是快節奏的生活方式，而是被我們大家所忽視的抱怨。

《心靈神醫》一書揭示了心的真性和痛苦的根源。我也從中悟出了一個道理：痛苦其實起源於人的抱怨，只要我們停止抱怨，放下成見，豁達心胸，就能促進身與心的合作，就能提升生命的境界。

當我投入地閱讀《心靈神醫》時，抱怨也離我越來越遠。在後來的日常生活和工作中，我開始留意抱怨對人的影響。我發現，一個人被抱怨所主宰，遇事就會斤斤計較、心胸狹窄，為人就會鼠目寸光、胸無大志、安於現狀，處世就會自私自利、唯利是圖、貪得無厭。而這類人一個共同的特徵就是：生活毫無樂趣可言。

而在接觸有關身心靈類書籍的同時，我試著按照書中的方法修煉我的心性，竟發現效果出奇得好。每當有失公允的事情發生在我身上時，我就告誡自己：「沒有誰能讓我失去理智，除了我自己。」這樣一來，我便不再憤怒，也不再怨聲載道，而是能以一顆平

序言

和心坦然待之。正因為我從書中受益匪淺，所以我也希望能將我所得同大家一起分享。

因此，我在研讀身心靈類書籍的同時，亦在整理我的觀點，希望將「身心靈」這類書籍中的精華提煉出來，拋開「身心靈」這身炫目的外衣，用最醒目、最直白的觀點——停止抱怨，來引起大家的警醒。用最平實的語言，訴說快樂一生的祕訣就是——停止抱怨。

第一章　抱怨是禁錮快樂的魔咒

人生的各種負面遭遇，大多是自作自受，承受的種種都是自己的所作所為造成的。多數情況下，當你責怪、怒吼和抱怨的時候，你的聽眾或許只是你自己。

這個世界確實有很多不公平、不公正的現象存在，你也的確有理由怨天、怨地、怨恨他人，但即便這樣做，你就能獲得你想要的公平嗎？答案心知肚明。抱怨只會蒙蔽一個人的雙眼，讓他只能看到生活中的黑暗與醜陋。正如英國詩人艾略特所說：「抱怨就像一把火，會燒盡一切。」如果你遇到不如意的事，卻只習慣先抱怨別的人事物，這就猶如你率先放棄輕鬆愉快的生活，將自己推向抱怨的苦海。

不以抱怨回應生活中的挑戰

每個人的一生中，難免有缺憾和不如意，也許我們無力改變這個事實，但我們可以改變看待這些事情的態度。

在日常生活中，抱怨隨處可見，有時甚至是此起彼伏。你毋須刻意尋找，只要你能停下前行的腳步，任意找一個去處，在那裡稍停片刻，就能聽到各式各樣的抱怨聲——有人抱怨出門踩到動物的排泄物、有人抱怨搭乘大眾運輸的人潮擁擠、有人抱怨城市的市容不佳、有人抱怨房物價高漲、有人抱怨薪水過低、抱怨公司主管獨斷專橫……不管在哪處，抱怨聲總是此起彼落、連綿不絕。

類似於這樣的抱怨，有說別人的，有說自己的，也有自己抱怨自己的。前兩種現象隨處可見，而說到自己抱怨自己的典型人物，恐怕要數魯迅筆下的祥林嫂了。

祥林嫂每次一開口總會說「我真傻，真的」，「我單知道雪天是野獸在深山裡沒有食吃，會到村裡來，我不知道春天也會有」她喋喋不休地向人訴說自己的不幸，人們在咀嚼了她的故事後，她卻在最後受人唾棄。

抱怨帶給他人的感覺，就和周遭的人對於祥林嫂的感想差不多。很多事情發生後，再去尋找各式各樣的理由都是於事無補，只會讓自己的心情越來越糟，對目前的境況一點幫助都沒有，而且什麼也改變不了。抱怨解決不了什麼問題，非但無法讓你從失落、悲傷的情緒中解脫出來，而且會讓你賠上一生的快樂。一個不快樂、不開心的人還能做些什麼事情呢？答案是——幾乎無法做成任何一件像樣的事情。

既然抱怨於事無補，我們還不如暫時拋棄那些煩心的事，多想想怎麼才能更快更好地解決問題。一位學者曾說：「每個人的一生中都難免有缺憾和不如意，也許我們無力改變這個事實，但我們可以改變看待這些事情的態度。」在這個物欲橫流、思想自由的時代，一個人如果渴望生活能過得快樂幸福，就必須學會容下不喜歡的東西，心裡必須放下不喜歡的事情。

把你的牢騷滿腹、情緒低落、鬱鬱不可終日的那些時間，拿去做一次運動，或泡個熱水澡，又或者讀一本好書，規劃一次旅行，這絕對有益於你重新收穫快樂。

然而，那些喜歡抱怨的人通常都會陷入一個思維模式，抱怨也就成了其滿足日常宣洩的「必需品」。但是習慣抱怨的你，有沒有想過，你的抱怨是否能解決問題，你的抱怨是否怨之有理？

我曾經讀過這樣一個故事：

有一個年輕的農夫，划著小船替別人運送農產品。有一天，天氣酷熱，農夫汗流浹背，苦不堪言。為了早點結束這次的工作，他心急地划著小船，希望趕緊完成運送任務，以便在天黑之前能返回家中。然而，突然農夫發現，前面有一艘小船沿河而下，迎面向自己駛來。眼看兩艘船就要撞上了，但那艘船並沒有要避讓的意思，似乎是有意要撞翻農夫的小船。

「讓開，快點讓開！」農夫大聲地向對面的船吼叫道：「再不讓開你就要撞到我了！」但農夫的吼叫完全沒有用，那艘船還是重重地撞上了他的船。農夫被激怒了，他厲聲斥責道：「你會不會開船？這麼寬敞的河面，你竟然撞到了我的船！」當農夫怒目審視那艘陌生的小船時，他卻吃驚地發現，小船上空無一人，聽著他大呼小叫、厲言斥罵的只是一艘順河漂流的空船。

在多數情況下，當你責怪、怒吼和抱怨的時候，你的聽眾或許只是一艘空船。因此，與其抱怨對方，不如改變自己，因為抱怨解決不了任何問題，所以千萬不要用抱怨去回應生活中的挑戰。

其實，人生的種種多是自作自受，承受的種種都是自己的所作所為造成的，正如故事裡的農夫，自己不主動避開迎面而來的船，卻抱怨對方不懂得避讓，最終讓事故上演。

是的，抱怨無法解決問題，唯有行動才能改變現狀。正所謂，抱怨環境，天昏地暗；改變自己，風和日麗。由此，還是少些抱怨，多些努力吧，只要用心和努力，一切都會好起來的！

誰抱怨，誰受傷

生活中許多人都是看著別人的伴侶多麼優秀，卻忘了自己選擇的初衷。每個人都不可能十全十美，每個人的工作、生活、婚姻也不可能都如己所願，因此，我們也毋須抱怨我們的工作、生活、婚姻。任何人都一定要牢記，誰抱怨，誰一定會受傷害。

在這個「弱肉強食，適者生存」的星球上，誰都難免會遭遇挫折，受到不公平的待遇。每當這個時候，我們內心就會產生不滿，進而發出無限牢騷。人之所以會這樣，是希望透過「抱怨」來吸引他人注意，博取他人的同情。其實這是一種毫無意義的行為，抱怨非但無法博來他人的同情，還會讓他人更加鄙視你。可以說，誰抱怨，誰受傷，除此之外，不會再有什麼其他結果。

抱怨生活、抱怨困境、抱怨工作、抱怨婚姻只會讓自己的心情更加惡劣，生活更加糟糕。比如有一位女孩，儘管她的外貌如花似玉，卻總是抱怨自己沒有因貌美而享譽國際影壇的巨星那般漂亮，時常貶低自己為「醜八怪」。隨著這個想法逐漸加深，她甚至躲在家中，不願意出門。

若非要出門，女孩就要開始漫長的化妝過程，往臉上塗抹一層又一層的粉底。可每當她化好妝，對著鏡子仔細檢查自己的容貌時，又會討厭鏡中的自己。於是她又洗掉臉上的妝，重新化妝。有時候，她要往臉上化上十幾遍的妝，才願意走出家門。

由於害怕別人嘲笑自己的「醜陋容貌」，女孩甚至拒絕上學。她整天將自己鎖在臥室中，躺在床上默默流淚，一天只肯吃一塊烤麵包。父母帶她去看心理醫生，醫生開了一些抗憂鬱藥給她。然而這些藥對她毫無效果，女孩仍然討厭自己的模樣，抱怨自己為什麼不漂亮，儘管事實上，她的長相十分美麗動人。

一個人因為抱怨自己的長相，最終患上心理疾病，這不能不說是一件很悲哀的事。也許大家會對這個例子嗤之以鼻，認為是故意誇大。如果你真的這麼想，那我不妨講一個我朋友親歷的故事，類似這樣的事例經常發生在我們身邊，甚至是發生在我們自己身上，如果你毫無察覺，那只能說明你沒有用心觀察。

楊先生是一家汽車維修廠的總經理，有一年，他聘請了十名汽車維修工人。而其中有一名修理工，從工作的第一天起，就開始喋喋不休地抱怨，一直說著「做這行太骯髒了，我每次都看見自己身上弄得滿身汙穢」、「真累啊，這簡直不是人可以做的事……」。

這位員工每天都在抱怨和不滿中度過。他認為自己就像奴隸一樣，僅能靠出賣苦力來維持生計，認為自己的人生總是在忍受煎熬。基於內心有這樣的想法，他時時刻刻都偷偷觀察著師傅的一舉一動，只要師傅沒有注意到他，這位員工就會開始混水摸魚。

轉眼一年過去了，其他九位員工都各自憑藉自己出色的手藝，得到了楊先生的重用，有幾位員工甚至被楊先生送進大學進行深造。唯獨這位時常抱怨的員工，在他的怨聲載道中，因為對每件維修的工程都十分敷衍，造成維修廠接連損失，最終被楊先生開除了。

可見，抱怨的最大受害者是自己。在生活中，如果你用心去觀察，就會發現一個奇怪的現象——有些人受過良好教育，才華洋溢，但讓人困惑不解的是，他們卻長期得不到提升。這是為什麼呢？主要是因為他們對工作抱怨不休，對環境心生疑慮，對同事心存鄙夷，認為自己高人一等，做什麼都是對的，從來不願意放低身段，不願意自我反省。於是，在日常的工作中，一項任務分配下來，只要是主管沒有監督的場合，便很難有令人滿意的結果。

這種人喜歡抱怨，又自命不凡、眼高手低，動不動就認為自己被主管剝削，認為自己是替別人賺錢的工具，因而產生嚴重的牴觸情緒。擁有聰明才智，卻始終不用來思考如何做好自己的工作，而用於整日抱怨、博取同情、消極怠工等，自動自發、全力以赴地工作態度絕不會出現在他們身上。抱怨的人很少積極想辦法解決問題，也從來不會意識到主動獨立完成工作是自己應盡的職責，卻始終將訴苦、抱怨視為理所應當。這類人除了把大好的青春和大把的精力浪費在無所事事、歲月蹉跎中之外，注定將一無所獲。

抱怨工作只會讓我們遭遇挫折，同樣，抱怨婚姻也只會讓自己遭受傷害。生活中許多人都是看著別人的伴侶有多麼優秀，卻忘了自己選擇的初衷。每個人都不可能十全十美，每個人的婚姻也不可能都那麼幸福完滿，因此，我們也毋須抱怨我們的婚姻。你一定要牢記，誰抱怨，誰一定會受傷害。

我認識一位朋友，她和丈夫的生活沒有經歷過什麼大風大浪，只是她感覺不到生活的樂趣。她開始怨天怨地，怨老公怨命運，唯獨不怨自己。

她不喜歡丈夫抽菸，丈夫卻無法戒掉抽菸的習慣；她不喜歡丈夫打牌賭博，丈夫卻很喜歡，一旦開始便會直到天亮。夫妻二人互相爭執理論過，卻沒有用。這位朋友便開始生悶氣，每天吃不下，睡不好。丈夫不回家的時候，她一等就等到天亮。日子就這樣過了四五年，生活絲毫沒有改變，快樂被消磨殆盡，她也顯得格外滄桑。

要怎麼樣才能開心呢？丈夫不抽菸就開心了嗎？丈夫從此不賭博就開心了嗎？

其實都不是，是這位朋友對丈夫的控制欲太強，太想要改變這個男人，讓她完全按照自己的喜好來生活。丈夫沒有改變，她就覺得萬分委屈，覺得丈夫不愛她，日復一日，家庭氣氛更加沉悶，自己也成了一個怨婦。怨恨，幾乎成了所有無法被滿足的女人慣用的一種情緒方式。每個怨婦都在為這份怨恨尋找著各式各樣的理由，以示這份怨恨的合理性。

可是這樣的怨恨有用嗎？損害的究竟是誰呢？答案不言而喻，最終受傷害的還是自己。

不管是哪一種婚姻，只要你內心有愛，只要你覺得他仍然看重你、在意你，只要你仍然願意和他繼續往前走，那麼，請不要抱怨，而要用心去愛，去和他一起努力改變現狀。有句俗話叫「有得必有失」，要接受你自己所選擇的，克服一切困難，因為，過好日子才是最重要的。

由以上可知，不管你是抱怨生活，還是抱怨工作，抑或抱怨婚姻，誰抱怨，誰注定會受傷害。反之，停止抱怨，快樂就會不請自來。

千萬別讓抱怨影響你的發展

大多數人都喜歡和不抱怨的人在一起工作、生活，沒有人喜歡抱怨者，你的抱怨只會讓別人對你敬而遠之。

心理學家的研究顯示，許多人之所以無法取得成功，其中最為重要的一個原因就是情緒沮喪、低落、憂鬱。不難想像，一個整天快樂、積極工作的人，一定會比一個整天沉浸在悲傷、憂鬱中的人工作效率高得多。由此可見，愁眉苦臉、滿腹牢騷只會阻礙我們事業的發展。因此，請牢記——千萬別讓抱怨影響你的發展。

有一則故事說著，李娜和夏麗是大學同學，兩人從大學畢業後，因為一時找不到合適的工作，最後一起進了一家百貨公司做銷售人員。別人都認為她們做這個行業太可惜，但李娜卻並不這樣認為，因此一直很珍惜這份工作，用認真的態度對待工作，一絲不苟。李娜熱情周到的服務很快便得到了顧客和上司的好評。而夏麗卻在眾說紛紜中開始失去初心，抱怨工作環境和薪水，到處都不滿意，整日抱怨連連。夏麗在不滿中消磨時光，於平庸中虛度生命。

李娜所在的銷售櫃前，有一個不起眼的臺階，時常會有顧客經過時不小心被絆倒。所以每當有不知情的顧客經過時，李娜總是善意地提醒一句「請您小心前面的臺階」，顧客也總是感激地對她微笑。夏麗見狀，總是嘲笑李娜多此一舉，認為那些人也不會購買櫃上的商品，為何要那麼好心地去關心陌生人？李娜對此也從不爭辯，總是一笑置之，依然繼續提醒每一個路過的人。

有一天，公司的總經理進行巡視時，正巧經過那道臺階，李娜還是像以前一樣習慣性地提醒說：「請您小心前面的臺階。」總經理首先一愣，但很快便明白了是怎麼回事。他並沒有說什麼，只是看著李娜，臉上露出讚賞的笑容。很快，李娜便被提升為組長，在一年之後，李娜當上了這家公司的副總經理。而夏麗因為工作態度的問題，最終失去工作。

一個人如果整日怨氣聲聲、鬱悶難消，不但不能讓自己完全地投入到工作當中，影響工作的進度，同時，也會給周遭的同事帶來不愉快的氣氛。大多數人都喜歡和不抱怨的一起工作、生活，沒有人喜歡抱怨者，你的抱怨只會讓別人對你敬而遠之。

人之所以達不到以他們的才能原本可以達到的目標，就是因為他們成了自己任意宣洩情緒的犧牲品，他們的沮喪不安、怨聲載道影響了他們的發展。因此，為了肅清我們前進道路上的障礙，就必須擺脫抱怨的困擾，放下不滿情緒，讓自己的心胸開闊起來。

抱怨，並非強者的選擇

真正的強者明白，抱怨沒有任何意義，再怎麼不滿，別人也不會有什麼實質的損失。事實上，我們必須努力做的就是奮鬥——以打破這種差距、縮小這種差距，透過不斷學習來改變自己，讓自己適應環境，適應社會。

我曾經讀過這樣一段文字：「人不要老是抱怨，過多的抱怨是衰老的象徵，真正的強者從不抱怨。」

是的，真正的強者從不抱怨，因為抱怨只會將事情弄得更糟糕。因此，不論現實如何，我們都不應該抱怨，而要靠自己的努力來改變現狀，獲得幸福。我們要牢記，當命運將我們推向懸崖時，我們就必須學會成為一隻鳥，趁勢翱翔天空；當我們置身山林時，我們就做獸中之王，笑傲山野。永遠記住：抱怨，並非強者的選擇。

一個不抱怨命運、不自怨自艾的人，才可能成為真正的強者。

在南卡羅萊納州的某間學院的演講會上，一名演講者走到麥克風前，眼光對著聽眾，緩緩開口說道：「我的母親是聾啞人士，父親不詳，因此我不知道自己的父親是誰，也不知道他是否還在人世，我這輩子找到的第一份工作就是到棉花田負責採摘。」

臺下的聽眾全都呆住了。

「如果情況不如意，我們總能想辦法加以改變。」她繼續說：「一個人的未來會怎樣，不是由生下來的狀況決定的。」她輕輕地重複方才所說過的：「如果情況不如人意，我們總能想辦法加以改變。」

「一個人若想改變眼前充滿不幸或無法盡如人意的情況，只要回答這個簡單的問題：『我希望情況變成什麼樣？』然後全身心投入，採取行動，朝理想的目標前進即可。」

接著，她的臉上綻放出美麗的笑容：「今天我以企業家的身分，站在這裡。」

不抱怨，讓這位女性最終成了傑出人物，不抱怨讓她最終擁有了幸福。一個人如果不抱怨，那麼任何逆流絕境、驚濤駭浪都不足以讓人停止向前。這個世界確實有很多不公平、不公正的現象存在，你完全有理由怨天、怨地、怨恨他人，但即便這樣做了，你就能獲得你想要的公平嗎？答案我們彼此心知肚明。

不公正、不公平的情況仍將繼續存在，但為此抱怨大可不必。假使別人獲得的比你多，事業上比你有成就，你也毋須抱怨，毋須嫉妒，這也並不是什麼大不了的事。最理智的做法是承認事實，然後靠不斷的努力去適應現實。

西元一八三二年的美國，有一個人失業了。他很傷心，然而也是在這時候，他下定決心從政。他參加州議員競選，結果競選失敗了。接著他著手開辦自己的企業，可是不到一年，這家企業就倒閉了。此後幾年裡，他不得不為償還債務而到處奔波。

他再次參加競選州議員，這一次他當選了，他內心升起一絲希望，認定生活有了轉機。第二年，即一八五一年，他與一位美麗的女子訂婚。沒想到，結婚前夕未婚妻卻不幸去世，他終於徹底地感到心灰意冷，數月臥床不起。

一八五二年，他再次決定競選美國國會議員，結果仍然落敗。但他沒有放棄，沒有怨恨，而是問自己：「失敗了怎麼辦？」

一八五六年，他又一次競選國會議員，他認為自己爭取作為國會議員的表現是出色的，相信民眾會選擇他，結果卻仍然以失敗收場。

為了賺回在競選中花費的龐大資金，他向州政府申請擔任本州的土地官員。州政府退回了他的申請報告，上面的批文是：「本州的土地官員要求具有卓越的才能、超常的智慧。」

接二連三的失敗並未使他氣餒。過了兩年，他再次競選美國參議員，仍然失敗。在他一生經歷的十一次重大事件中，只成功了兩次，其他都是以失敗告終，可他始終沒有停止追求。一八六〇年，這位人士終於成為美國總統。他就是至今仍聞名遐邇的亞伯拉

罕・林肯。

真正的強者明白，抱怨沒有任何意義，你再不滿、惱怒，別人也不會有什麼實質的損失。事實上，我們必須努力做的就是奮鬥——以打破這種差距，縮小這種差距，透過不斷學習來改變自己，讓自己適應環境，適應社會。這是強者所為。要牢記，時間永遠是寶貴的，把時間浪費在抱怨上，只會讓你一事無成。我們唯有珍惜時間，才能取得最後的成功。

強者不會輕易抱怨什麼，即便有少許抱怨，也會將抱怨埋在心底。真正的強者應該做到：即使受到了某種傷害也要憑藉自身的努力，透過行動來證明那種傷害不足以將自己的強大掩蓋。

停止抱怨，別讓生命放任自流

停止抱怨吧，因為抱怨並不能幫你擺脫困境，助你收穫成功。只有停止抱怨，才能牢牢把握住自己的命運。

如果你有機會和失業者聊天，你會從他們身上發現一個共通點，那就是這些人無不怨聲載道、憤世嫉俗。而這一特性正是導致他們失業的原因。他們吹毛求疵的性格讓他們搖擺不定，也讓自己發展的道路越走越狹窄。

或許因為某種原因，你感覺生活就像枷鎖，非但沒能為你帶來幸福，反而給了你沉重的壓力，因此，你急切地希望能減輕身上的負擔。然而，在你急於尋找出路的時候，你愈發感覺自己正在陷入黑暗的深淵，並且越陷越深。於是，你不停地抱怨，抱怨命運對你的不公，抱怨自己的父母、主管、同事、朋友，甚至抱怨讓你身陷貧困，卻賜予他人富足和安逸生活的不公平的上帝。

如果你凡事稍遇挫折，就沒完沒了地抱怨，那麼落敗的處境也純屬你咎由自取，怨不得別人。同時，這也說明，你缺乏必要的信念，缺乏相信自己的信念。而一個人只有相信自己，才有可能克服困難，迎來勝利的曙光。

停止抱怨吧，因為抱怨並不能幫你擺脫困境，助你收穫成功。只有停止抱怨，才能牢牢把握住自己的命運。

例如傑里是一家飯店的經理，他的心情總是很樂觀正向。當有人問他近況如何時，他總是回答：「我快樂無比。」如果哪位同事心情不好，開始怨天怨地，他就會告訴對方怎麼看事物的正面。他說：「每天早上，我一醒來就對自己說：『傑里，你今天有兩種選擇，你可以選擇心情愉快，也可以選擇心情不好。』所以我選擇心情愉快。每次有壞事發生時，我可以選擇透過抱怨來宣洩不滿，我也可以選擇快樂接受，從中學些東西。我每次都是毫不猶豫地選擇後者。人生就是學會選擇，選擇用哪一種態度來面對處境。歸根究柢，是由自己選擇如何面對人生。」

有一天傑里值班時，三個持槍歹徒闖了進來，搶劫了收銀檯。傑里毅然決然攔住了企圖奪門而出的歹徒。歹徒朝傑里開了槍，傑里立刻倒在血泊中，歹徒則是倉皇而逃。很快地，被人及時發現的傑里在第一時間送進了急診室。經過十八個小時的搶救和數個禮拜的精心治療，傑里出院了，只是仍有小部分彈片留在他體內。

六個月後，有位大學同學見到了他，問他近況如何。他說：「我快樂無比。想不想看看我的傷疤？」那位大學同學看了看他的傷疤，然後問他當時想了些什麼。傑里答道：「當我躺在地上時，我並沒有抱怨我自己的行為，而是告訴我自己，我做了一件我該做的事，我要活下去。醫護人員都很好，他們告訴我一切都會好的。但在他們把我推進急診室後，我從他們的眼中讀到了『他是個死人』。我知道我需要採取一些行動。」

「你採取了什麼行動？」他的同學問。

傑里回答：「有位護理師大聲問我有沒有對什麼東西過敏。我馬上答：『有的。』這時，所有的醫生、護理師都停下來，等我說下去。我深深吸了一口氣，然後大聲吼

道：『子彈！』在一片大笑聲中，我又說道：『請把我當活人來醫，而不是死人。』」

傑里就這樣活下來了。能在這樣的情形下存活下來，得益於傑里開朗、樂觀、從不抱怨的心態。一個人如果沒有一個正確的心態，遇事喜歡抱怨，那只會讓自己身陷黑暗之中，永無重見光明之時。

因此，停止抱怨吧，只為不讓生命放任自流。

抱怨，只能徒增自己的痛苦

抱怨能蒙蔽一個人的雙眼，讓他只看到生活中的黑暗與醜陋。如果彼此相互抱怨，那形同同歸於盡，心永遠不得安寧。

抱怨是一枚威力強大的定時炸彈，誰把它帶在身上，放在心中，到頭來就只能自食其果。英國詩人艾略特說：「抱怨就像一把火，會燒盡一切。」若你遇事就抱怨別人，這就猶如你主動放棄輕鬆愉快的生活，將自己推向苦海。

當你感到憤恨，決定出口傷人時，不妨轉移一下你的視線，恨意會隨之減弱甚至消逝，抱怨的話語自然也就不會從你嘴裡出來傷人了。

記住，一個遇事不抱怨的人，才會快樂。人生漫漫，當事情已經過去，人們便會發現，我們身在其中所受的苦，所飽嘗的種種滋味，正是曾經所付出的一種又一種心態。

人生在世，我們付不起的，正是生活中某類事件對我們的心態所形成的那種漫長的主宰。正是這種心態，改變甚至毀滅了許多人的生活。

以寬容的心態對待一切，你就會快樂幸福；反之，怨聲載道，只能徒增你的痛苦。

抱怨，只會讓生活更不如意

人生在世，不要用卑微的態度博取他人的同情，也不要用抱怨的語氣求得他人認同，這些偏執的方式只會讓人們更加否定你。到最後，連你自己也會在這些負面的念頭中載浮載沉，慘遭滅頂之災。而不抱怨，相信自己，那麼，即便是在黑暗中，我們也能創造陽光，照亮你我的生命。

威爾遜是一位非常成功的商人，他從一個基層做起，經歷多年的奮鬥與累積，最後擁有了自己的公司。有一天，他走在街上時，身後忽然傳來聲音。那是盲人用導盲杖敲打地面所發出的聲音。他愣了一下，接著緩緩地轉過身來。

那個盲人感覺前面有人，連忙打上前哀求：「先生，你一定發現我是一個可憐的盲人吧，能不能占用你一點時間？」

威爾遜說：「好，不過我正要趕去見一個重要的客戶，你有什麼要求，請快點說吧。」

盲人在背包裡摸索了半天，最後拿出一個打火機說：「先生，這個打火機只賣一美元，這是最好的打火機啊。」

威爾遜聽完後嘆了口氣，他掏出一張鈔票，遞給了盲人。

「雖然我不抽煙，但是我很願意幫助你，這個打火機我可以送給開車的司機。」威爾遜說。

盲人接過鈔票，用手摸了一下，居然是一張百元大鈔。他顫抖著，反覆撫摸著這張鈔票，嘴裡感激地說：「你是我遇過的最慷慨的先生，仁慈的富人啊，我願意為你祈禱，願上帝保佑你。」

威爾遜笑了笑，轉身準備離開。然而，盲人突然又拉住他，喋喋不休地說：「你知道嗎，我並不是一生下來眼睛就看不見東西，都是二十三年前的那次事故害的。」

威爾遜一驚，問道：「你是在那次化工廠爆炸中失明的嗎？」

盲人似乎遇到了知音，連連點頭說：「是啊，你知道嗎，那次事故死了九十三個人，受傷的也有好幾百人，在當時可是頭條新聞。」盲人接著忿忿不平地說：「你不知道當時的情況，火一下就冒了出來，就像是從地獄裡冒出來似的，我好不容易衝到門口，可是有一個人卻在我身後大喊：『讓我先出去，我還年輕，我不想死。』還踩著我的身體跑了出去，然後我就失去了知覺，等我醒來時，已經變成現在這個模樣了。唉，命運真不公平呀。」

威爾遜聽完後，冷冷地說道：「朋友，事實恐怕不是這樣吧？我認為，你故意把事實顛倒了。」

盲人一驚，空洞的眼睛直直地對著威爾遜。

威爾遜緩緩地說：「當時，我也是那個化工廠的工人，而你才是那個從我身上踩過去的人，因為你長得比我高大，更重要的是，你說的那句話，我永遠都忘不了。」

盲人愣愣地站了好久，突然一把抓住了威爾遜，接著發出一陣詭異的大笑：「你看，這就是命運啊，不公平的命運！你原本在裡頭，如今卻出人頭地了，而我雖然跑了出來，現在卻成了一個沒有用的瞎子。」

威爾遜用力推開盲人，並舉起手中的導盲杖，靜靜地說：「你知道嗎，我也是個瞎子。你抱怨命運，但是我不抱怨，我相信，總有一天我能成功。」

同是盲人，一個人以乞討為生，一個人卻靠自己的努力而出人頭地。同樣的遭遇，卻有截然不同的結局，難道這真的是命運安排的嗎？當然不是，威爾遜的成功是靠自己的努力，而盲人有乞討的結局完全是因為只知道抱怨。

成功是靠自己奮鬥出來的，就如同故事中的威爾遜，他面對飛來橫禍，並沒有因此而怨天怨地怨人，而是堅信，只要活著，就能開創美麗的人生。正因為此，才讓他擁有了令人羨慕的事業。故事中的盲人，因為只知道抱怨，因而生活愈發不如意。

可見，抱怨只會讓生活愈不盡如人意。

請不要總是抱怨

無法擔當重任的人，常抱怨世界的不公平，因為機會總是被別人抓住了。擔當重任者，儘管知道世界是不公平的，也不會抱怨，而是透過付出超出常人的努力，牢牢把握住了稍縱即逝的機會。

抱怨，隨時都在發生。早上睡過頭了，有人會抱怨說：「又要遲到了。」不抱怨的人會想：「我是不是太累了？是不是該好好休息一下了？」不小心和別人撞在一起，抱怨者會說：「你怎麼看路的？」不抱怨的人會主動道歉。在工作中辛苦地完成了一項任務，自認為無可挑剔，交給上司後才發現有個小錯誤，抱怨者會說：「真倒楣，又白白浪費了一天。」不抱怨的人會想：「吸取教訓，下次一定小心。」喝水嗆到了，抱怨者會說：「太倒楣了，喝口水都不順。」不抱怨的人會想：「我現在急躁了一點，需要沉穩一點。」晚上帶著一身疲憊回到家，抱怨者會說：「為什麼生活這麼累啊？」不抱怨的人會想：「今天收穫不小，現在馬上休息，明天還要好好工作。」

為什麼抱怨者會覺得生活很累，因為他的目光只注視到付出，沒有看見所得；不抱怨的人即使很累，也不埋怨生活，因為他明白，有所得必有所失，得和失是同在的。

不要抱怨！沒有一種能令人完全滿意的完美生活，我們做不到永遠不抱怨，但可以讓自己少一些抱怨，多一些積極的努力進取。因為抱怨一旦成為習慣，就是時常搬起石頭砸自己的腳，於人無益，對己不利，生活也就被關進了抱怨的牢籠，眼中盡是處處不順，心頭全是事事不滿。反之，便能體會到：身心自由地生活著，便是人生最大的幸福。

甲、乙兩個年輕人到一家公司求職。面試官把甲叫到辦公室，問道：「你覺得你原來的公司怎麼樣？」甲面色憂鬱地回答道：「唉，那裡糟透了。同事們爾虞我詐，勾心鬥角；部門主管粗野蠻橫，以勢壓人；整個公司死氣沉沉，生活在那裡令人感到十分壓抑，所以我想換個理想的地方。」

「我們這裡恐怕不是你理想的樂土。」面試官說著。於是這個年輕人滿面愁容地走了出去。乙也被問到同樣的問題，他是這樣回答的：「環境還不錯，同事們待人熱情，樂於互助；主管們平易近人，關心下屬；整個公司氣氛融洽，工作得十分愉快。若不是想發揮我的特長，我其實不太願意離職。」

「你被錄取了。」聽完乙的敘述，面試官笑盈盈地說。

為什麼面試官選擇了乙？答案很簡單，因為乙是一個不抱怨的人。在這個社會沒人逼你去做什麼，如果你對現在的工作不滿意，隨時都可以更換你的工作，但請不要抱怨！不要把自己的時間浪費在日復一日的抱怨中。不要抱怨自己的工作不好、環境差勁、薪資微薄，不要抱怨自己空懷一身絕技而不受人賞識。現實有太多的不如意，就算生活給你的是廢棄物，你也可以改變自己的生活態度，用大腦分析那些廢棄物的用處——把廢棄物踩在腳下，讓你站在人生的另一個高度。

從微軟創業初期，比爾蓋茲就非常勤奮。微軟的某員工說出了自己在一九七七年進入微軟時所見到的比爾蓋茲，其工作狀態非常積極向上。「那時，比爾到處拜訪。他親自跑到各個公司跟其他企業家洽談合作、解決問題。那些公司會有許多技術、法律、銷售等相關人員圍繞著他，問他各種問題。比爾經常單槍匹馬到世界各地參加展覽會、推

銷產品，他幾乎每一天都在銷售產品。有時，他剛出差回來，又連續上班二十四小時，累了就睡一會兒。」

至今為止，已經成為知名世界富豪的比爾蓋茲仍勤奮努力，哈佛商學院的案例是這樣記述的：「蓋茲好像就住在辦公室。他每天上午九點鐘左右來到辦公室，一待就來到半夜，吃晚飯的時間就算是休息，吃完後他又繼續忙碌。」

每個菁英都有類似的工作與生活方式。當你羨慕別人坐擁財富、享受良好上等的生活時，當你嫉妒別人坐在主管的位置上拿著高薪時，當你看到機會總被別人搶走時，你也許會抱怨世界真不公平！但是，當你抱怨不公平時，是否反省過：「我夠努力嗎？」

無法擔當重任的人，常抱怨世界的不公平，因為機會總是被別人抓住了。擔當重任者，儘管知道世界是不公平的，也從不抱怨，而是透過付出超出常人的努力，牢牢把握住了稍縱即逝的機會。

當我們自以為很努力、很辛苦並付出了許多心力時，我們真的足夠努力了嗎？我們真的具備完整且無可挑剔的優秀能力了嗎？即使完成了預定的目標，我們真的做得夠快速、夠完美嗎？如果你要長久地勝任工作和職位，就必須不斷努力，不斷改進！

當我們對一件事所抱有的態度是「那就這樣吧」時，我們更要勸誡自己，要不斷改進。許多事情在自認為只能如此而已時，實際上還可以再改進，只是我們還沒有想到，還沒有付諸行動使之實現。

停止抱怨，努力工作吧。因為勤勞本身就是財富，如果你是一個像蜜蜂一樣，刻苦耐勞的員工，那你會因工作收穫愈多，而享受到更多甜蜜的生活。

第二章 抱怨無益，成功需要一點韌性

人生是一條高低起伏的小徑，除了荊棘密布，到處都可能隱藏著陷阱。而生活是一杯歲月釀造的酒，注定飽含人生的酸甜苦辣。因此，聰明的人從不會在面對挫折時用抱怨來宣洩，而只有心靈上的懦夫才會在面臨挫折甚至是偽挫折時，被命運的玩笑所打倒。

因此，面對挫折，千萬別抱怨。因為，在生活中只有長途跋涉的行者才懂得歇息的幸福，也只有經歷過暴風雪滋味的人才知道爐火的真正價值……

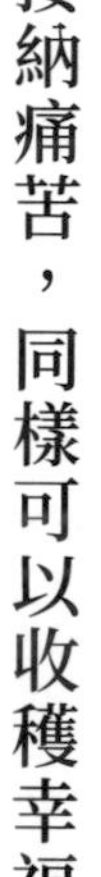

接納痛苦，同樣可以收穫幸福

我們不必羨慕別人外表的風光，更沒有必要嘲笑失意的落魄者，也毋須抱怨上帝對你的不公平。你一定要知道，當上帝關上一扇門的時候，他必定會為你打開一扇窗。只要你不會就此唉聲嘆氣、怨聲載道、憤世嫉俗，相反地，你願意勇於接納遭遇的痛苦，即便你身臨絕境，也依然是最幸福的。

美國詩人威爾考克斯曾說過：「我們的生命是歌曲。上帝寫下歌詞之後，由我們把它譜成樂曲。歌曲變得輕快，或是甜美，或是哀傷，都是我們自己的意願。」

每個成功者的背後都有平凡的一面，而在平凡者的生活中也有不平凡的地方，關鍵就在於我們看到了生活的哪一面。只要我們勇於接納痛苦，同樣可以獲得幸福。

在歐洲，有一位著名女高音歌唱家，而立之年便享譽全球。有一年，她到某國開辦一場個人演唱會，這場演唱會的門票早在一年前就已經銷售一空。

表演結束之後，這位女高音家和她的丈夫、兒子從表演廳走了出來，留守在門口的歌迷們一下子全湧了上來，將他們團團圍住。每個人都熱烈地呼喊著女高音家的名字，其中不乏讚美與羨慕的話。

有人羨慕這位女高音歌唱家，大學一畢業就享有聲譽，年紀輕輕便進入國家級的歌劇院，成為劇院裡最重要的演員，二十五歲時就被評為世界十大女高音歌唱家之一；也有人感嘆這位女高音歌唱家，其丈夫也是家財萬貫的富豪，兩人還生了一個活潑可愛的小男孩——一個充滿幸福微笑的孩子……

當人們議論的時候，這位女高音歌唱家只是安靜地聆聽，沒有任何回應與解答。直到人們把話說完後，她才緩緩地開口說：「首先，我要謝謝大家對我和我家人的讚美，我很開心能夠與你們分享快樂。只是，我必須坦白地告訴大家，其實你們只看到了我們風光的一面，我們還有另外一些不為人知的地方。那就是，你們所誇獎的這個充滿笑容的男孩，很不幸的，是個不會說話的啞巴。此外，他還有一個姐姐，是個需要長年關在房間裡的精神分裂症患者。」

女高音家的這一席話，讓在場的所有人震驚得說不出話來，每個人的表情都變得凝重、面面相覷，似乎難以接受這個事實。

女高音家看了看大家，接著心平氣和地說：「這一切只能說明一個道理，那就是，老天爺對任何人都不會給得太多。」

上天本來就是公平的，不管是禍是福，是運氣還是機會，每個人都得朝著自己的路走下去。因此，我們不必抱怨天地，也不必祈求上蒼，生命中的每一個形貌都有其生存的價值。

生活是由酸、甜、苦、辣、鹹五味組成的，當你品嘗過生活的甜美後，就不得不連同生活的辛酸苦辣一起體會。甜美的日子固然能讓我們心花怒放，但假如生活中只有甜，長久之後也會覺得索然無味，甜也就無所謂甜了。鹹酸苦辣給人的感覺固然不佳，卻能讓你的思想更加成熟，意志更加堅定。你如果連生活中的酸、甜、苦、辣、鹹都沒有經歷完全，那就白白浪費在這世上的每一秒鐘了。

在美國，有一個窮困潦倒的年輕人，即使把身上全部的錢拿出來都不夠買一件像樣的西服，仍堅持著自己心中的夢想——他想當演員、拍電影、成為大明星。

當時，好萊塢共有五百家電影公司，他逐一數過，並且不止一遍。後來，他又根據自己認真擬定的路線與排列好的名單順序，帶著自己寫好的劇本前去面試。但最後，沒有一家公司願意錄用他。

面對幾乎百分百的拒絕，他沒有灰心，又從第一家開始，繼續第二次自我推薦。想當然，五百家電影公司依然全部拒絕了他——第三次的結果仍是如此。

這位年輕人又開始第四次自我推薦，這次，第三百五十家電影公司的老闆願意讓他留下劇本，表示自己會先看一看。幾天後，這位年輕人獲得通知，要他前去詳細商談。因為這家公司決定投資開拍這部電影，並請他擔任自己所寫劇本的男主角。

這部電影名叫《洛基》。而這位年輕人的名字叫席維斯．史特龍。現在翻開電影史，這部叫《洛基》的電影與這個早已紅遍全世界的巨星皆榜上有名。

當你經歷挫折的時候，要勇於接納，要總結，要反思，要改變！只有形成經驗的挫折才屬於你真正的閱歷，才屬於你真正的財富，才可能收穫幸福。

成功與習慣抱怨的人無緣

一個思想健全、人格健全的人是不會抱怨的，只有那些缺乏自我依靠的人才會在抱怨和牢騷中求得安慰。

生活中我們常常能聽到一些抱怨聲，有人抱怨自己太平庸，沒有什麼才能；也有人抱怨自己的家境太普通，不能讓自己馬上迎來人生的成功；還有人抱怨周圍的人不願配合自己，影響了自己處理事情的速度。他們不停地抱怨著……

事實上，一個思想健全、人格健全的人是不會一直抱怨的，只有那些缺乏自我依靠的人才會在抱怨和牢騷中求得安慰。喋喋不休的負面心聲只能為自己帶來消極情緒，結果不但救不了自己，反而影響了別人的情緒。真正勤勉的人、渴望做大事的人，即使遇到了挫折和困難，也會臥薪嚐膽，以圖東山再起。

偉大的航海家哥倫布曾先後四次率領船隊橫渡大西洋，發現了加勒比海內所有的島嶼，以及中美洲地峽和南美洲大陸。他能夠在航海事業上取得如此大的成就，遠離抱怨是其中一個重要原因。

一四九二年八月的某一天，哥倫布帶領著一行人出發，他們由西班牙國王派遣，去尋找所謂的「新大陸」。船隊在無邊無際的大海上航行了一個多月後，始終不見陸地的影子，眼前能看到的只是一望無際的海水。船上的水手們開始沮喪，有些水手懶洋洋地躺在甲板上、船艙裡，嘴裡抱怨連連，有些水手則忍不住去質問哥倫布：「先生，你究竟要把我們帶到哪裡去？」、「陸地在哪？鬼才知道！」、「我不想做了，我要回去！」各種抱怨、不滿之聲不時傳入哥倫布的耳中。面對大家的質疑，哥倫布始終沒有動搖，也沒有抱怨，他只是靜靜地做好自己的事。

哥倫布仔細研究了一位大學教授送給自己的地球儀和穿越大西洋的地圖後，意志更堅定了。他信心百倍地對隊員們說：「三天之後就能夠找到陸地，到那時，我將付給大家雙倍的薪資。」

果然，第三天清晨，船上的一名水手站在桅杆上驚喜地叫了起來：「陸地！陸地！陸地！」大家都看到了不遠處平坦的沙丘。他們擁抱著，跳躍著，有的船員甚至興奮得

跳起舞來。這塊陸地被哥倫布命名為「聖薩爾瓦多」，意即「救世主」的意思。那些曾經不停抱怨的人都感到羞愧不已，自此後再沒有人責難、質問、怨恨哥倫布，而是對他言聽計從。

在陸地上考察了兩個多月後，哥倫布挑選出近四十名水手留在島上，並為他們建造了房屋，留下一年的糧食補給，自己則帶著其他水手駕船返航。在返航途中，輪船不幸遇上了令人心驚膽戰的暴風雨，被風刮起的巨浪洶湧著沖向船隻，水花濺著甲板，桅杆被吹斷，風帆也被刮得四分五裂。大家都感受到了死亡。於是，一些水手又開始大聲抱怨。他們責罵哥倫布帶他們走向死亡，責罵自己太蠢，後悔沒留在陸地上。他們埋怨天氣，埋怨輪船太過老舊……但是，哥倫布仍鎮靜地做著他認為應該做的事情。哪怕哥倫布比船上的其他人更清楚他們面臨的是怎樣的困難，但他第一時間想到的不是抱怨，而是怎樣面對已經發生的問題，怎樣去解決問題。

為了能把航海的情況報告給西班牙，哥倫布讓船員們把他綁在一張固定的椅子上，在膝蓋上綁了一塊大木板，找來羊皮紙，把發現新大陸和幾十名水手留在島上的情況都記了下來，然後把這些羊皮紙裹在一塊塗了蠟的亞麻布裡，再塞進小木桶。完成這些以後，他解開身上的繩子，跌跌撞撞地走上了甲板，把木桶投進大海。幸運的是，輪船最

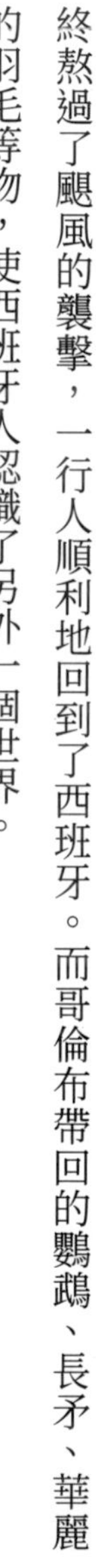

終熬過了颶風的襲擊，一行人順利地回到了西班牙。而哥倫布帶回的鸚鵡、長矛、華麗的羽毛等物，使西班牙人認識了另外一個世界。

可以說，哥倫布的成功是多種因素構成的。但是，如果他遇到困難時總是抱怨個不停，就不可能果斷地採取行動，也不可能找到陸地，更不可能安全返回西班牙。他的與眾不同之處，就是遠離抱怨，冷靜地面對現實，接受現實，並積極想辦法解決問題。這才是一個智者遇到問題時應該採取的態度。

面對挫折，我們不應選擇抱怨

面對挫折的態度很重要。態度不同，結果也不同，只有堅定了戰勝困難的信念，才有取得成功的機會。

人生是一條高低起伏的荒野小徑，除了荊棘密布，到處都可能隱藏著陷阱。生活是一杯歲月釀造的酒，注定將飽含人生的酸甜苦辣。因此，聰明的人從不會在面對挫折時用抱怨來宣洩，而只有心靈上的懦夫才會在面臨挫折甚至是偽挫折時，被命運的一個玩笑所打倒。

日本松下電器公開招聘管理人員，一位名叫福田三郎的年輕人參加了面試。後來考試結果公開了，福田落榜。得到這　消息後，福田三郎深感絕望，頓起輕生之念，幸虧搶救及時，才保住性命。此時公司派人來通知，福田其實被錄取了，他的考試成績名列第二，只是當時後續作業出現了紕漏，所以出了差錯。然而，當松下公司得知福田因未被錄用而自殺時，又決定將他解聘。

故事主人公的做法未免有些過激。其實人生難免有挫折，人世間沒有不曲折的路。福田僅僅因為未被公司錄用而自殺，對於他人而言，未免意志薄弱，彷彿是一個懦夫。其實，他若真的未被錄用，完全可以另謀生路，又何必抱怨自己，抱怨命運對自己的不公呢？要知道，條條大路通羅馬啊！

在面對挫折時，我們不應選擇抱怨，更不應選擇像福田三郎那樣自殺，我們應當去迎接挫折，戰勝挫折。

那麼，我們應該如何去應對挫折呢？以下有四個方法可以借鑑。

第一，要戰勝挫折，就要樹立正確的人生目標，只有樹立了正確的人生目標，我們才會有一股向前衝的力量驅使我們朝著目標去奮鬥。

第二，要正向地認識挫折，採取恰當的解決方法。遭遇挫折時，首先要冷靜地分析造成挫折的原因，然後對症下藥，找到應對挫折的有效方法。

第三，應激發探索創新的熱情。全身心地去探索、去創造，是戰勝挫折、克服消極心理的有效方法。

第四，學會自我疏導。有些人在遇到挫折時往往會自責，這時，我們應善於自我排解、自我疏導。這樣，就能將消極情緒轉化為積極情緒，增加戰勝挫折的勇氣。

當我們遇到挫折時，在尋找應對挫折的方法之前，我們面對挫折的態度同樣非常重要。就好比有一批登山者，在登山時突然遇到了風暴。就在此時有一位登山者被吹倒了，他試圖站起來，但都沒有成功，最終他屈服了，也就永遠留在了原地。另一位登山者因失去知覺倒在雪地中，當他終於清醒過來後，馬上意識到自己面臨生與死的選擇。這時，他只有一個信念：「一定要努力活下來。」他知道停下來就意味著死亡，所以一直不停地走著。最後，他憑著堅強的毅力成功走回營地。

兩位登山者為什麼最終一生一死呢？這取決於他們面對挫折和困難時的態度。可見，面對挫折的態度很重要。態度不同，結果也不同，只有堅定了戰勝困難的信念，才有取得成功的機會。

面對挫折，通常有三種態度。第一種態度是膽怯地逃避挫折，畏懼困難。採取這種態度的人只會打退堂鼓，懦弱無能，他的一生只會碌碌無為。第二種態度是意志不堅

定、無恆心和毅力。採取這種態度的人沒有戰勝挫折的勇氣，儘管曾經拚命地奮鬥過，但最終仍半途而廢，屈服於挫折。第三種態度是有必勝的堅定信念，信心十足，敢於挑戰。採取這種態度的人不戰勝挫折誓不罷休，他們有勇有謀，把絆腳石變成墊腳石，最終取得了成功。

一九四三年，美國的《黑人文摘》剛創刊時，前景並不被看好。創辦人約翰為了擴大該雜誌的發行量，積極地準備做一些宣傳。於是他決定組織撰寫一系列〈假如我是黑人〉的文章，請白人把自己放在黑人的地位上，嚴肅地看待這個問題。他想，如果能邀請當時的總統夫人愛蓮娜來寫一篇文章，效果肯定很棒。於是，約翰便寫了一封非常誠懇的邀請信，送到了愛蓮娜的家中。

然而，愛蓮娜卻回信表示自己過於忙碌，沒有時間寫這篇文章。首次邀請受挫，約翰卻並沒有因此而氣餒，他又寫了一封信，而愛蓮娜仍然以忙碌作為拒絕的理由。，從此以後，每隔半個月，約翰就會準時為愛蓮娜寫一封信，信中的言詞也愈加懇切。

不久，愛蓮娜因公事來到約翰所在的芝加哥，並準備在該市逗留兩日。約翰得此消息，喜出望外，立即發了一份電報給愛蓮娜，懇請她在芝加哥的時間，為《黑人文摘》撰寫一篇文章。

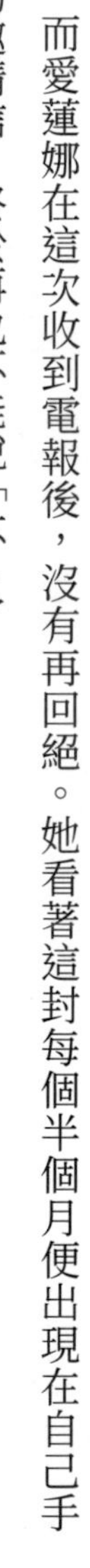

而愛蓮娜在這次收到電報後，沒有再回絕。她看著這封每個半個月便出現在自己手上的邀請信，終於再也不能說「不」了。

當愛蓮娜撰寫的文稿刊登在《黑人文摘》時，其雜誌的發行量在一個月內由兩萬份增加到了十五萬份。後來，約翰又出版了黑人系列雜誌，並開始經營書籍出版、廣播電臺、女性化妝品等事業，終於成為聞名全球的富豪。

「天將降大任於斯人也，必先苦其心志，勞其筋骨，餓其體膚，空乏其身……」要想成就大業，就必須經歷大大小小的挫折。做大事的人一定是具有戰勝挫折的勇氣的人。挫折有其消極的一面，但也有其積極的一面，挫折能磨練人的意志，增長其才能和智慧。

抱怨不如感謝，感謝折磨你的人

與其抱怨折磨你的人，不如感謝折磨你的人時，你才有可能品嘗到成功的喜悅。法國作家羅曼．羅蘭說：「從遠處看，人生的不幸、折磨還是很有詩意的！一個人最怕庸庸碌碌地度過一生。」

在年少懵懂的日子裡，我曾經一度膚淺地認為，沒有人願意經歷磨練，或者自願遭

受折磨，更別說接受他人的折磨。我以為，平平淡淡、無風無浪的人生才是我們每個人所追求、所期盼的。直到而立之年，我讀書時，從書上讀到一個故事，才讓我恍然大悟——人生需要經歷折磨，就如草木需要經歷風雨一樣。抱怨不如感謝，能感謝折磨你的人，才能收穫成功。

在很久以前，某個地方建了一座規模宏大的寺廟。完工之後，卻缺了一尊佛像，於是如來佛就派了一個擅長雕刻的弟子，幻化成雕刻師來到人間。

雕刻師在兩塊已經備好的石頭材料中，選了一塊質地上等的石頭，接著就準備動工。可是，沒想到他才鑿了幾下，這塊石頭就大叫：「別折磨我了，我痛！」

弟子見狀，就開始勸說：「不經過細細的雕琢，你將永遠都是一塊不起眼的石頭，還是忍一忍吧。」

他邊說邊繼續工作。可是，他每鑿一下，那塊石頭就會哀嚎一聲：「痛死我了，痛死我了。求求你，饒了我吧！」最終弟子實在忍受不了這塊石頭的叫嚷，只好停止了工作。

為了尊重這塊石頭的意見，弟子只好選了另一塊質地普通的石頭雕琢。雖然這塊石頭的質地較差，但它因為自己被選中，內心感激不已，同時也對自己將被雕成一尊精美的雕像深信不疑。所以，任憑雕刻師刀琢斧敲，它都以堅忍的毅力默默承受下來。

弟子知道這塊石頭的質地稍嫌遜色，所以為了展示自己的藝術，工作得更加賣力，雕琢得更加精細。不久，一尊肅穆莊嚴、氣勢宏大的佛像成功赫然立在人們的面前，大家驚嘆之餘，便將這尊佛像小心翼翼地安放到神壇上。

這座廟宇的香火非常旺盛，日夜香煙繚繞，天天人潮不息。為了方便日益增加的香客行走，那塊怕痛的石頭則被人們當作鋪路的材料，做成一條平凡無奇的柏油路。由於當初承受不了雕琢之苦，現在的它只得忍受人車來往的痛苦。

其實，我們每個人都像一塊塊資質不同的石頭，最終決定你能否大放異彩的，在於你是否有承受他人折磨的毅力、氣度，在於你是否有將抱怨化為感謝的胸襟。只有當你懂得抱怨不如感謝，與其抱怨折磨你的人，不如感謝折磨你的人時，你才可能品嘗到成功的喜悅。

不抱怨，成功就會屬於你

我們無論處在多麼艱難的境地，都不要失去信仰，不要怨聲載道，而應在苦難中打磨我們的意志和毅力。只有這樣，成功才會屬於你。

有人說，苦難是一筆財富。對於在苦難面前一籌莫展、只會嘆息的人來說，苦難的海是無邊無際的；而對於那些勇敢地戰勝苦難的人來說，它則能成為財富。

所以，我們無論處在多麼艱難的境地，都不要失去信仰，不要怨聲載道，相反地，我們應該在苦難中打磨我們的意志和毅力。只有這樣，成功才會屬於你。

有位男子從四歲開始便與苦難為伍，可他在苦難中沒有失去人生的信仰，最終使自己在苦難中脫穎而出。

他長期把自己關禁起來，瘋狂地練琴，每天要練十至十二小時，忘記了飢餓與睏倦。他十三歲時，開始周遊各地，過著流浪的生活。除了小提琴，他一無所有。

除此之外，這位男子也在指揮的基礎上苦下功夫，並創作出《隨想曲》、《無窮動》、《女妖舞》和其餘六部小提琴協奏曲與許多吉他演奏曲。

十五歲時，這位男子舉辦了首次音樂會，一舉成功，轟動了整個音樂界。他的聲名傳遍法、奧、德、英、捷等許多歐美國家。甚至帕爾馬的首席提琴家羅拉，聽到這位男子的演奏驚訝得從病床上走下。維也納一位盲人聽到他的琴聲，以為是樂隊在演奏，當得知臺上只有一個人時，大叫「他是個魔鬼」，匆匆逃走。

這一切的一切，最終促使盧卡公國宣布他為首席小提琴家。他就是世界著名的小提琴家——帕格尼尼。

由於帕格尼尼從不抱怨命運對他的折磨，因而苦難最終也沒能打倒他。相反，他在苦難中成長為音樂界巨人。這篇故事告訴我們，世間沒有永遠荒涼的土地，沒有永遠乾涸的河流，沒有永遠灰暗的天空，沒有永遠沉寂的山巒。只要你不怨聲載道，不憤世嫉俗，辛勤地耕耘便自然有所收穫。

索倫說：「你想逃避你的不幸，但你若知道別人承受的苦難，就不會再抱怨了。」當你了解帕格尼尼所遭遇的不幸和經歷的苦難後，你還在為你因為失去一份本該屬於你的工作而惋惜、哀嘆嗎？你還在為你一時的失誤被別人騙走了錢財、欺瞞了感情而痛苦不已嗎？你還在為因別人動了手腳而被排擠出局，從此怨聲不斷嗎？相比之下，這些只不過是人生必須經歷的波折而已，我們毋須為此而牢騷滿腹。

選擇抱怨不如選擇開朗與快樂

當我們對外部環境無能為力時，請不要抱怨，也不要選擇放棄，而要積極培養自我的心靈自由，將自我引向積極和美好的一面。要始終在內心積聚力量，等待時機，最終為自己贏來好的外在環境。

當你面臨挫折時，與其選擇抱怨，不如選擇開朗與快樂。人的一生總會遭遇一些自己無力改變的困境、局勢，當你無力改變現實時，如何使自己不沉溺於敗局，而保持開朗和擁有力量呢？

從前有一位叫林克的男子，他是一位猶太裔心理學家，在二戰期間曾被關進納粹集中營，遭遇極其悲慘。他的父母、妻子和兄弟均死於納粹的魔掌，只剩下一個妹妹。他本人更是受到嚴刑拷打，過著無比折磨的日子。

有一天，他獨自一人被關在囚室，忽然之間醒悟，產生了一種全新的感受——日後命名為「人類終極的自由」。當時他只知道，這種自由是納粹永遠也無法剝奪的。從客觀環境上來看，他完全受制於人，但自我意識卻是獨立的，超脫於肉體束縛之外。他可以自行決定外界的刺激對本身的影響程度。換句話說，在刺激與反應之間，他發現自己還有選擇如何反應的自由與能力。

他在腦海裡設想各式各樣的情況。譬如，設想自己獲釋後將如何站在講臺上，把這一段痛苦折磨中學得的寶貴教訓傳授給自己的學生。憑著想像與記憶，他不斷鍛鍊自己的意志，直到心靈的自由終於超越了納粹的禁錮。他的這種超脫精神也影響了其他囚犯，甚至獄卒。他協助獄友在苦難中找到意義，尋回自尊。處在最惡劣的環境中，林克運用難得的自我意識天賦，發掘了人性中最可貴的一面，那就是人有「選擇的自由」。

這種自由來自人類特有的四種天賦。除了自我意識，我們有「良知」，能明辨是非和善惡；還有「想像力」，能超出現實之外；更有「獨立意志」，能夠不受外力影響，自行其是。

林克在獄中發現的人性準則，正是我們營造自治自立人生的首要準則——自由意志。自由意志的含義不僅在於採取行動，而且代表人物必須為自己的行為負責。個人行動取決於人本身，而不是外在環境。理智可以戰勝情感，人有能力也有責任創造有利的外部環境。

當我們對外部環境無能為力時，請不要抱怨，也不要選擇放棄，而要積極培養自我的心靈自由，將自我引向積極和美好的一面。要始終在內心積聚力量，等待時機，最終為自己贏來好的外在環境。

生活就是這個樣子，回想美好的事情，你就會找到快樂，走向成功；回想令自己失意的事情，就會走向失望的深淵，無力面對生活，無力面對失敗。

因此，一定要記住，你有選擇的權利，有選擇的力量。你選擇健康、快樂和幸福，你的潛意識就會接受，並使你成為這樣的人。選擇做一個健康、快樂、友善的人，整個世界就會跟著反應。反之，你選擇了抱怨，就等同於選擇了失敗。

沒有行動，任何理想都不會實現

心動不如行動，勇於邁出行動的第一步，成功的機率就會提高。一個人如果光想不做，那麼他將永遠沒有實現目標的可能。

確定一個目標輕而易舉，但要實現它則甚為不易。如果剛一開始就充滿了抱怨，抱怨「天時、地利、人和」，抱怨前進的道路太過崎嶇，阻止你前行的腳步，那麼任何理想都不可能實現。

克雷洛夫說：「現實是此岸，理想是彼岸，中間隔著湍急的河流，行動則是架在河上的橋樑。」我要說的是，湍急的河流更像抱怨，它總是發出各種嘈雜之音，干擾人的行動，讓人的理想難以實現。

事實上，每一個人都有理想。理想的好處是能增加人對生活的熱情，使我們在接受考驗的時候，還能為了理想而勇敢地面對。然而，除非我們以理想為基礎，付諸行動，在行動中不抱怨，否則，任何美好的理想都是難以實現的。

曾經有個落魄的中年人，每隔兩三天就到教堂祈禱，禱告的內容幾乎每次都相同。

「上帝啊，我多年以來都十分敬重您、崇拜您，看在這樣的份上，請讓我中一次樂透吧！阿門！」

幾天後，這位中年人又垂頭喪氣地來到教堂，同樣跪著祈禱：「上帝啊，為何不讓我中樂透呢？我願意更謙卑地來服侍您，求您讓我中一次樂透吧！阿門！」

又過了幾天，中年人再次出現在教堂，同樣重複著一模一樣的禱告內容。就這樣周而復始，中年人始終不間斷地祈求著。

終於有一次，他跪著說：「我的上帝，為何您不垂聽我的祈求？讓我中樂透吧！只要一次，讓我解決所有困難，我願終身奉獻，專心侍奉您……」

就在這時，聖壇傳來了上帝的聲音：「我一直垂聽你的禱告。但你若不先買一張樂透，我該如何為你實現願望？」

故事聽起來似乎有些可笑，可笑過之後卻不得不令人反思，生活中渴望一步登天這種奇蹟的人並不少見。這些人沉溺於不切實際的幻想之中，祈禱有一天幻想能變成現實。但事實上，這些人永遠不會實現夢想。原因很簡單，光想不做只能是空想，只有行動才能使夢想成真。

另一個故事也告訴我們行動的重要性。有一個窮和尚和一個富和尚，兩人都住在一個偏遠的地方，本來相安無事，直到有一天，窮和尚對富和尚說：「我想到南海去，你覺得怎麼樣？」

富和尚說：「你要怎麼去呢？」

窮和尚說：「一個小瓶、一個飯缽就足夠了。」

富和尚聽聞，忍不住恥笑地說：「我多年來一直在密集地規劃，直到現在條件都還不夠俱全，你沒有準備任何計畫，憑什麼去南海？」

在富和尚的冷嘲熱諷下，窮和尚仍毅然決然地踏上了旅途。直到第二年，窮和尚從南海歸來，把前往南海的經歷都告訴了富和尚，包括自己是如何與陌生的家庭化緣、自己如何熬過無人救助的日夜，以及一路上的狂風暴雨……聽到至此，富和尚深感慚愧。

人生的目標總是確定容易實現難。但如果不去行動，總是抱怨缺乏必要條件，那麼連實現的可能也不會有。冥思苦想，謀劃著自己如何有所成就，是不能代替身體力行去實踐的，沒有行動的人只能做白日夢。

十八歲的瑞迪在暑假將要來臨的時候對父親說：「我不想整個夏天都要跟你拿錢，我要外出找份兼職。」

父親說：「好啊，我會想辦法幫你找一份兼職，但是恐怕不容易。」

「你沒有聽懂我的意思，我並不是要你幫我找個工作，我要自己找。還有，請不要那麼消極，雖然短期工讀不太會有店家願意聘用，我還是可以找到工作。我相信就算只能提供短期的工作時數，總有老闆願意聘用我。」瑞迪說道。

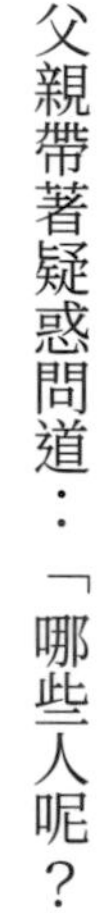

父親帶著疑惑問道：「哪些人呢？」

兒子回答說：「那些會動腦筋的人。」

瑞迪在「有事求人」的廣告刊登位置上仔細尋找，發現了一個很適合他的工作。廣告說，受聘者要在第二天早晨八點鐘到達公司等候面試。

瑞迪沒有等到八點鐘，在七點四十五分就到了面試的地方，可現場早已有二十個男孩排在那裡，他只是隊伍中的第二十一名。

怎樣才能引起面試官的注意，進而獲取成功呢？這是一個問題，他應該怎樣解決這個問題？瑞迪心想：「只有一件事可做——動腦筋思考。」因此他進入了那最令人痛苦但也最令人快樂的程序——思考。

思索了一陣子後，瑞迪拿出一張紙，在上面寫了一些字，然後折得整整齊齊，走向站在門口的相關人員，恭敬地對她說：「小姐，請您現在把這張紙條交給您的老闆，這非常重要。」

「沒問題。」她說：「讓我來看看這張紙條。」工作人員打開了紙條，原以為只是一些玩笑話，沒想到工作人員看完後，忍不住微笑著，然後轉身走進面試官的辦公室，把紙條放在桌子上。

面試官看了以後也笑起來，因為紙條上寫道：「先生，我排在隊伍中的第二十一位，在你沒有看到我之前，請不要做決定。」

瑞迪是不是得到了這份工作？他當然得到了這份工作，因為他是一個會動腦筋思考的人，也是一個敢於行動的人。瑞迪並沒有抱怨競爭壓力大，而是透過自己的智慧，再加上積極地付諸行動，最終給自己贏得了機會。

當你面對某一問題時，往往有許多不同選擇，猶豫不決會造成時間的浪費，甚至良機的錯失。但如果你及時地採取行動，那麼，做出決定和實施都會變得輕而易舉了。

有人說：「生活如同騎著一輛腳踏車，不是繼續前進，就是翻倒在地。」所以，我們絕對不能在中途把「踩著踏板」的腳停下來。任何事情都取決於行動第一，絕不要拖延，有了目標後就要馬上去做，你可以在工作中訓練自己養成嚴格的執行習慣和限時觀念，以防止自己鬆懈。

抱怨無益，成功需要一點韌性

成功從來都是不抱怨，充滿韌性的。只能面對成功，不能面對失敗，一遇挫折就感到沮喪的人是弱者。弱者自然也就不可能真正的成功。

軟弱的人屈服於環境、抱怨世界，抱怨他人；柔韌的人能利用環境，接受壓力，環境給他的壓力愈大，他反而跳得愈高。

那麼，你是一個屈服於環境、愛抱怨的弱者，還是一個在環境的壓力下反而跳得更高，且具有柔韌性的人呢？其實，生命的價值就在這裡。

就好比有一個小故事，主角瓊斯的身體很健康，工作十分努力，在美國經營一個小農場。農場裡生產出來的產品足夠他的家庭所需，這樣的生活年復一年地繼續著。

然而，不幸的事情發生了，瓊斯突然癱瘓在床，他人已到晚年，幾乎失去了生活能力。他的親戚們都確信，他將永遠成為一個失去希望、失去幸福的病人，他不可能再有什麼作為了。然而，事業的成功卻隨疾病而來。

是什麼使瓊斯在成為癱瘓病患的情況下實現了生命存在的真正價值呢？是的，是他的思考。他的身體癱瘓了，但他的意志並沒有癱瘓，他還能思考，他還能講話。

瓊斯把他的想法講給家人聽：「我再也不能用我的手勞動了，」他說：「所以我決定用我的頭腦從事勞動。如果你們願意的話，你們每個人都可以代替我的手、腳和身體。我們把農場裡每一畝可以耕種的地都種上玉米，然後飼養豬隻，用收穫的玉米餵豬。當豬的肉質來到最佳時機時，就可以製作香腸，然後包裝起來，貼上商標後出售。

我們可以在全國各地的零售店出售這種香腸。」

瓊斯原本就是一個生活清苦的農民，受到癱瘓的打擊後，他發現意志比人體的力量更大。本來收成只夠穩定家計的農場，在改為生產香腸之後，創造了不可思議的財富。「乳豬」香腸是美國今日家喻戶曉的瓊斯農場系列產品的始祖。

瓊斯最終獲得了事業上的成功，找到了他生命存在的價值。因為瓊斯並沒有抱怨身體上的疾病，反而用從容的心態接受了這一事實，並運用自己的智慧成就了自己的事業。

有一句話叫「百煉成鋼繞指柔」，指一個人經過千錘百鍊之後，會成為純鋼。而一個柔順如純鋼的人，正是一個堅韌如純鋼的人。我們應該讓自己堅強，但不要讓自己缺少以柔克剛的韌性。

能忍的人不一定軟弱，表面上強硬，有時換來的卻是失敗。只要你懂得怎樣容忍，容忍得有風度、有目的，你的容忍就是可貴的堅強。往往，生命的價值就能在這裡找到。

第三章　停止抱怨，熱愛工作

馬丁・路德・金恩曾說：「哪怕是一名清潔工，如果他能用像米開朗基羅繪畫時、像貝多芬演奏曲目時、像莎士比亞撰寫故事時，用一股熱情來打掃城市，他的工作就應受到天空和大地的讚美！因為他是偉大的清潔工，他的工作無與倫比！」

雨滴雖小，卻有穿石的力量。在工作方面，即便看起來微不足道的工作，只要認真做好、持續做好，也會獲得豐厚回報，得到眾人的認可。當你專注於自己的工作時，你更多的精力就放在了實質的付出上，抱怨也變得少了。這樣，成功離你也就更近了。

不再抱怨工作

人們為什麼如此善於抱怨，能夠把工作中的不利因素觀察得如此透澈，卻無法將工作做好？這的確是一件非常奇怪的事。如果那些一天到晚想著如何抱怨工作的人，能將這些精力及創意的一半用到工作上，他們就有可能取得巨大的成就。

你可能常聽別人抱怨「我無法忍受我的工作」或「這份工作讓我沒有成就感」，這類習慣於抱怨工作的人，通常都無法獲得真正的成功。其實，看一個人做事的好壞，只要看他工作時的精神和態度即可。如果某人做事的時候感到所做的工作困難重重、勞碌辛苦、沒有任何趣味可言，那麼他絕不會做出很大的成就。

而那些抱怨工作的人，他的最終目的不過是為失敗找一個藉口，當面對失敗時，就可以從容不迫地逃避責任。

這樣的人沒有胸懷，很難擔當大任。仔細觀察任何一個管理健全的機構，你會發現，沒有人會因為喋喋不休地抱怨而獲得獎勵和晉升。想像一下，船上的水手如果總不停地抱怨這艘船怎麼這麼破舊，船上的環境過於差勁，食物難以下嚥，以及有一個多麼愚蠢的船長等。這時，你認為這名水手的責任心會有多大？他對工作會盡職盡責嗎？假如你是船長，你是否敢讓他擔當重任？

當你受聘於某個公司時，請對工作竭盡全力、主動負責吧！只要你依然還是整體中的一員，就不要譴責它，不要敷衍它，否則只會詆毀公司的名聲和毀壞你自己的信譽，同時也會斷送自己的前程。如果你對公司、對工作有滿腹的牢騷無從宣洩，不妨作個選擇：一是選擇離開，到別的地方去發展；二是選擇留下。當你選擇留在這裡的時候，就應該做到在其位謀其政，全身心地投入到公司的工作上來，為更好地完成工作而努力。記住，這是你的責任。

假如你想改變不被主管賞識的現狀，抱怨是無濟於事的。相反，除非你改掉抱怨這種壞習慣，否則你終其一生都不會真正成功。然而，要摒棄抱怨的習慣，並不是件容易的事。你必須認真對待自己的工作，明確自己在工作中應負的責任，你必須努力。只有這樣，你才能達到改善的目的，享受到成功的果實。這就好像你正住在一間簡陋的屋子裡，心中夢想著寬大而明亮的殿堂。要實現這個夢想，首先應該以認真的態度對待它而不能應付，你要明白讓生活變得更美好是每個人不可推卸的責任，然後要做的就是努力實踐，將這間小屋變成一個心目中的天堂。

如果你不清楚自己的工作，不知道或完全忘記了自己應負的責任，就不要抱怨主管不給你機會。很難想像，人們如此擅長、喜愛抱怨，能夠把工作中的不利因素觀察得如此透澈，卻無法將工作做好。這的確是一件非常奇怪的事。

要做到這一點，你必須在決定停止抱怨的同時，對自身的責任有更深的認識。更深的認識會讓你獲得更大的動力驅使，使你能夠從內部去觀察，看到每項工作的真正本質。有些工作只從表面看，也許索然無味，一旦深入其中，你就會認識到其不同凡響的意義。當你從工作的平凡表像中，洞悉其中不平凡的本質後，你就會從抱怨的束縛中解脫出來，無聊厭煩的感覺自然會煙消雲散。

停止抱怨的心態，熱愛你的工作

「選擇你所愛的，愛你所選擇的。」不管你從事什麼樣的職業，只有抱著這樣的心態，才能提高工作效率，才能獲得更多的發展機會，才能在自己的職業生涯中獲得成功！

「我只拿這點錢，憑什麼去做那麼多工作」、「我為公司做牛做馬，公司付我酬勞，等價交換而已」、「工作又不是為自己的興趣去做的，能完成就行了」許多人可能會覺得這些似曾相識的話語，好像剛剛才有人在耳邊講過。這種「我不過是在為公司工作」的想法具有很強的代表性。殊不知，恰恰就是這樣的牢騷和想法，使我們喪失了工作的活力與激情，收回了邁向優秀與傑出的步伐，逐漸地歸於平庸了。

如果你打從心裡喜愛你的工作，那麼不必花費很多心血，便能在職場中闖出屬於自己的天地。但是，如果你不喜歡你的工作，做什麼事情都會受到阻礙。因為痛苦和厭惡愈來愈大，自然會有「再也不要做了」的念頭。這樣的話，是絕對不可能把事情做好。

因此，我們必須熱愛我們的生命，必須熱愛我們的工作，如果我們總是做什麼怨什麼，如果我們老是抱持這種想法，工作不但不會做好，壓力肯定也大得不得了，因為你什麼事還沒做，就已經覺得累了。

所以，我們必須改正那種不正確的心態與習慣，我們必須熱愛我們的工作、盡我們應負的職責，並且帶著使命感去完成它。這樣，我們不但可以輕鬆工作，而且必能有所成就。

當然，這裡所說的熱愛工作，並不是成為工作狂，更不是過勞，而是要忠誠地負起工作上所有的責任，並且在上班時間全力以赴，凡事都發自內心地去做，自動自發地成為一個擁有良好品格與職業道德操守、有良好能力與豐富知識的人。

管理學家戴維斯曾講過一個關於熱情的小故事：

「我在為世界五百強排行前列的某間企業做顧問的時候，發現有一個工人總是無精打彩。原來，這位工人所處的部門是整個公司最累也最容易造成蓬頭垢面的一個實際操作部門，每一個到這個部門工作的人，都認為自己很倒楣。然而其中，卻有一個工人非常快樂，他充滿活力，總是主動招呼他人，熱情無比。

『你為什麼能這麼快樂？』我問他。

『因為我熱愛這份工作。』工人頭也不抬地對我說，說完甚至吹起了口哨。

是啊，那些認為自己倒楣的人，絕對不會像這位工人一樣，用心熱愛這份工作的。

我當時很感動。我相信，即使這位工人沒有得到晉升，沒有比任何人多賺一分錢，他所獲得的，也遠比他的同事還要來得更多。他擁有的好心情，就是其他工人所不具備的，熱情所帶來的必是一種快樂。」

工作有趣與否完全取決於你個人的看法。我們可以把工作做好，也可以敷衍了事；可以高高興興地做，也可以愁眉苦臉地做。過程的感受和心態如何，完全取決於我們自己。

山姆．沃爾頓說過：「如果你熱愛工作，你每天就會盡自己的能力要求完美，而不久你周圍的人也會從你這裡感受到這種熱情。」每個人都應該學會熱愛自己的工作，即使這份工作自己不太擅長，也要盡一切能力去適應、去熱愛它，並憑著這種熱情去發掘內心所蘊藏的活力、熱情和巨大的創造力。事實上，你對自己的工作愈熱愛，做好的決心愈大，工作效率也就愈高。當你懷著這種熱情工作時，工作就不再是一件苦差事，而會變成一種樂趣。如果你對工作充滿熱愛，你就會從中獲得巨大的快樂。

抱怨的世界沒有讚譽

所謂的好工作，一定是讓自己快樂的工作，但這快樂不是外在的條件，而是你自己內心的修為，重要的是內心的觀念，而不是外在的抱怨。

職場上有兩種人，一種是笑口常開的人，一種是習慣抱怨的人。同樣一個命令下達，有人勤懇做事，有人罵聲連連。勤懇的人不見得比較愚蠢，罵聲連連的人也不見得比較聰明，但是前者一定很快樂，後者則總是身處憤怒的負面情緒中。

很多人之所以抱怨，是因為打從心底認為自己的工作不好。其實，所謂的好工作，首要條件一定是讓自己「快樂的」工作，但這快樂不是外在的條件，而是你自己內心的修為，重要的是內心的觀念，而不是外在的抱怨。

曾經有一個朋友，大約四個月前被解聘。解聘的理由是因為主管不喜歡她。朋友說，自己在這份職位上的成績很好，能力很強，同事也很喜歡她，所以她認為錯一定在主管，是主管過於自私和小心眼，才把她從公司趕走。

很快地，經過他人推薦，她被錄取了一家新公司。但是上班不久，她又陷入同樣的惡性循環，開始數落主管，認為主管能力差、愛挑骨頭、看她總是不順眼等，千方百計想要在試用期滿之前要她離開。

所謂當局者迷，旁觀者清，目睹這位朋友近幾年來頻頻被解聘、跟老闆對立的過程，我想，是她得理不饒人和自我吹噓的個性阻礙了她的發展。在職場上，這種性格本來就不被看好。這位朋友總是認為自己很優秀，而主管是愚蠢的。卻沒思考過，主管之所以成為主管，一定有他的過人之處。

此外，我也收到很多朋友發來的電子郵件，他們在信裡描述著對目前工作的不滿情緒。我發現抱怨的內容大同小異，跟前途、薪水或是工作本質無關，全都出在與同事、主管的相處上，討厭他們的個性、長相、穿著、說話的語調，甚至髮型都挑剔。顯而易見，問題出在自己，如果態度不改，換到任何一家公司、任何一個新環境，抱怨也不會停止，討厭的主管、同事還會繼續出現。到頭來，不順遂的人到底是誰呢？

除了抱怨之外，是不是該學著把看事情的角度稍稍修正，從自己的軀殼中抽離，站在另一個角落審視自己。佛家說：「要懂得縮小自己，才能看見自己的缺點，看見別人的好。如果一味地抱怨，一味地攻擊，除了製造是非之外，就是讓自己變得更加面目可憎。」

你是個愛抱怨的人嗎？要不要試試，在抱怨之前，把自己放在對方的立場上想一想，會看到不同的風景哦。

別讓抱怨腐蝕了工作熱情

佛洛伊德：「人的情緒具有傳染性，就如同西洋骨牌；假如一個環境中有一個人總是唉聲嘆氣，其他人也漸漸無法打起精神，專注提高自己工作和生活的品質。」

抱怨是人的一種本能的自我防禦機制，是心理不平衡時產生的一種情緒化表現。抱怨其實是情緒的一種宣洩，因此，偶爾地抱怨一下，有助於從對現實的不滿中暫時解脫出來。但是，俗話說得好，「凡事不能過」，抱怨也同樣如此。一味地抱怨不但會失去其疏導情緒的作用，還會使眼中的「不公、不滿」肆意擴大化、走火入魔化，讓自己和身邊的人都陷入消極的人生態度中。

舉一個簡單的例子。小敏剛進入職場沒幾天，對於新職位滿懷激情。某天午後，小敏在辦公室閱讀著如何銷售的書籍。同事吃完飯回來，看到小敏看書的樣子，冷冷地一笑，上前說：「小敏，這麼用功呀？」然後就自顧自地講起自己在公司的不愉快經歷，最後說了一句：「再努力也沒有用，還不是讓那些有關係的人把機會都搶走了！」

對於同事的話，小敏半信半疑，沒多加理會。同事見自己的「苦口婆心」沒起到什麼作用，又開始抱怨起公司的業務有多難做，認為企業缺少知名度，產品又平平無奇，向無數客戶推銷也鮮少有人訂購。不像其他大公司，客戶排著隊上門。同事繼續勸小敏，趁著年輕趕快離開這家沒前途的公司。而禁不住同事煽動的小敏終於將手中的書放回抽屜，開始和這位把抱怨掛嘴邊的同事談話，從此小敏天天就和同事一起抱怨，藉此尋找口頭上的快感和內心的安慰。

在半年過後的同學會上，小敏對舊時好友抱怨起自己公司：「外頭天氣再差，都必須自己搭車去見客戶，結果對方一看宣傳單就把你趕走……天天如此，根本沒前途！」

小敏的好友見狀，詫異地問小敏：「當初不是慷慨激昂、豪情萬丈嗎？半年不見怎麼變成這樣了？」

這時的小敏才猛然想起自己半年前買過一本關於營銷的書，至今都還沒有看完。而小敏也在此時不解地在心中自問：「對啊，我怎麼變成這樣了呢？」

面對在公司制度的種種不滿，和同事透過不斷發牢騷來發洩心中的怨氣，小敏對工作產生了疑慮，激情和鬥志也漸漸消磨掉了。對工作的消極態度，為提升業績設下了心理障礙，最終造就了後來的困局。

小敏之所以最終和同事陷入了一樣悲慘的命運，這就是情緒被傳染的結果。在一個群體中，人們的行為無時無刻不在相互模仿，當個體意識到自己與群體的行為、規範、價值之間存在差異的時候，便會不自覺地向群體靠近。每個團體都有其被成員們默認的共同價值標準，處於長輩地位的人在群體中最有影響力，最易被廣泛接受。因為年輕人往往缺乏自信，渴求團體前輩的認同，而這一默認的行為也最易被年輕後輩仿效。

小敏本身的性格就是渴求獲得他人更多的肯定，但她的每種看法都被同事所質疑並用帶著偏見的親身經歷加以否定，這就促使其隨波逐流加入了抱怨者的行列。反之，如果同事是一個積極上進的人，那麼小敏也會更加堅定於自己原有的信念。

作為身處團體中的年輕人，每個人都應學會理性辨認團體「普遍行為」中的積極與負面內容，保留下好的方面，勇於堅持自我的積極選擇，以此獲得事業上的更好發展。

如果你的身邊，總有人整天唉聲嘆氣，請趁早遠離這些人，因為他們正在用自己已經疲憊甚至俗化的心，一點點吞噬別人的熱情。別讓他們的抱怨情緒傳染你，腐蝕了你的工作熱情。

積極完成工作比抱怨工作更有益

屬於自己的工作範圍與責任，與其抱怨，不如積極主動地完成。唯有如此，才能在自己的領域裡做出成績。

一個人抱怨工作，是因為工作出現難關，這個難關有可能是此次工作的難度太大，超出了能力範圍，致使他產生無力感；有可能是工作太辛苦，找不到更好的方法來擺脫辛苦工作這一事實；也可能是基於別的原因，諸如工作沒有成就感、沒有前途等等。這些種種，都可能讓人抱怨工作。

傾訴抱怨原本是人之常情，但抱怨無度不但不能緩解煩惱，反而只會放大痛苦，陷入抱怨不休、滿腹牢騷的惡性循環之中，從而不會帶來絲毫愉快的心情。

人在抱怨時，總需要找到一個傾聽者。選擇適當的傾訴對象十分重要，否則這番抱怨不僅不會讓事情的現狀和自己目前的心情好轉，反而會讓你在工作中更加被動，使情緒愈來愈糟糕。遇到問題後，可以先讓心情平靜一下，把情況在頭腦中理順一遍，然後直接與能提供實質建議的人，互相溝通與交流。

一九九三年諾貝爾文學獎的獲得者——托妮．莫里森是一位著名黑人女作家。在她飽受貧寒之苦的少年時代，從十二歲開始，她每天都要在放學後到一個有錢人家裡做幾個小時的零工。有一天，她因工作不順向父親發了幾句牢騷。父親聽後對她說：「聽著，你並不是在那裡生活，你的生活在家裡。你只是去那裡工作，然後拿錢回家。」

莫里森後來回憶時敘述，父親的這番話讓她領悟到了幾點經驗——第一，無論面對什麼，已經選定的工作就要竭盡全力做到最好；第二，主動把握工作，因為工作不會來主動把握你；第三，真正與你生活在一起的是家人，可以正面積極地與家人溝通或徵詢意見，但不要用工作中的不快樂來破壞家庭快樂的氛圍；第四，你的生活與工作是兩回事，保持生活中原本的你。

從那以後，莫里森又為形形色色的人工作過，有聰明的，有遲鈍的，有心胸寬廣的，有斤斤計較的。但是，她從未再抱怨過。

透過這個故事，我們得出一個結論，那就是無論面對什麼樣已經選定的工作，都要積極、主動地去完成，這樣才是有百利而無一害的。

已經是屬於自己的工作，與其抱怨，不如積極主動地完成。唯有如此，才能在自己的領域裡做出亮眼的成績。

與其抱怨，不如踏踏實實做好自己的工作

我們若想讓自己在所處的環境中受到尊敬，工作上得到他人的認可，就要踏踏實實、盡職盡責地工作，並且要做得比別人所希望的多一些，更完美一些。

對於一個總是在抱怨的人來說，不值一提的工作他會嫌棄，無法勝任的工作他又會找別的理由發洩不滿。總之，敬業的精神與心態對於愛抱怨的人來說似乎太過遙遠。然而，職場中的每個人要想有所成就，就必須踏踏實實做好自己的工作，哪怕這份工作實在不值一提、微乎其微。

在一次演講快結束時，馬丁·路德·金恩問了一段話：「在美國的歷史中，我們黑人一向被白人視為二等公民，是這樣的嗎？」學生們異口同聲地回答：「對！」聽到同學們的反應，他接著問：「在我們黑人生活的經驗中，社會給予的機會非常少，對嗎？」學生們心有戚戚焉，響應聲如潮而起：「沒錯！」看到同學們情緒激動，馬丁用炯炯有神的眼光掃視全場後，激昂地說：「今天，黑人所面對的所有問題就正如你們剛剛回答的——你們相信『消極的自己』。你想當第幾等的公民、第幾等人，全由你自己決定！」

是的，我們若想讓自己在所處的環境中受到尊敬，工作上得到他人的認可，就要踏

踏實實、盡職盡責地工作，做得永遠比別人所希望的多一些，更完美一些。

例如有一位落魄的男子，一生總是不得志。就在他為生計而愁眉苦臉的時候，有人向他推薦了一位智者，希望這位智者能對他有所幫助。

男子找到那位智者，並說出了自己的情況，智者沉思良久，默然地舀起一瓢水，問：「這水是什麼形狀？」這人搖搖頭：「水哪有什麼形狀？」智者沒說話，只是將水倒入杯裡。這人恍然大悟：「水的形狀像杯子。」智者沉默，又將杯子裡的水倒入一個花瓶。這人興奮地說：「水的形狀像花瓶。」智者卻搖搖頭，隨即將花瓶裡的水倒入一個盛滿沙土的盆裡。水迅速融入沙土，消失了。

這個人陷入了沉默和思索。智者隨手抓起一把沙土，嘆道：「水就這麼消逝了，這就是一生呀！」這個人對智者的話咀嚼良久，高興地說：「我知道了！社會就像一個個不規則的容器，人就應該像水一樣，放進什麼容器，就變成什麼形狀。而且，人也極可能就像這水一樣在一個容器中消逝，消逝得迅速而突然，而且一切將無法挽回！」這人說完，雙目緊盯著智者的眼睛，他急於得到智者的肯定。

「是這樣，」智者說，「但又不是這樣。」說畢，智者就走出門外，這人緊隨其後。在屋簷下，智者低下身子，手在階梯上摸了一會兒，然後停住。此時男子發現智者所觸摸的那個石階，正有一處小小的坑洞。

智者說：「一到雨天，雨水就會從屋簷上滴下，這凹處就是水滴落下的結果。」此人恍然大悟：「我明白了，人可能被裝入規則的容器，但又應像這小小的水滴，持之以恆地去改變堅硬的石板，直到破壞它。」智者點頭道：「對，這個坑最終會變成一個洞！」

雨滴雖小，卻有穿石的力量。即便看起來微不足道的工作，只要認真做好、持續做好，也會獲得豐厚的回報，得到眾人的承認。不要因為對工作不滿，就輕視自己的工作。一個優秀的員工，對主管指派的任何一項工作，都會認真完成，力求做到最好。一個輕視本職工作的人，不僅會被人看不起，還會喪失實現自己理想的機會。

不否認，有些抱怨可以帶來改變，但你要牢記：過猶不及，多餘的抱怨只能是徒勞。與其浪費時間去抱怨，還不如踏踏實實地工作，做好自己職責範圍內的事。要盡自己的一切力量去改變，而不是事事都寄託希望在別人身上。

培養對工作的興趣

人可以透過工作來學習，可以透過工作來獲取經驗、知識和信心。你對工作投入的熱情愈多、決心愈大，工作效率就愈高。

人生最有意義的事就是工作，與同事相處是一種緣分，與顧客、生意夥伴見面是一種樂趣。即使你的處境再不盡如人意，也不應該厭惡自己的工作。如果環境迫使你不得不做一些令人乏味的工作，你也應該想方設法使之充滿樂趣。用這種積極的態度投入工作，無論做什麼，都很容易取得良好的效果。當你抱有這樣的熱情時，上班就不再是一件日常中枯燥乏味的事，相反地，工作將變成一種樂趣。要記住，工作是為了讓自己更快樂！如果你每天工作八小時，你就等於在快樂中生活，這是一個多麼划算的事情啊！

一個叫山姆的年輕人在一家工廠裡負責拆卸螺絲的工作。他覺得乏味，想辭職又怕找不到別的工作，只好想辦法讓自己對工作感興趣，於是他和其他操作機器的工人比速度。有個工人負責磨平螺絲釘頭，另一個工人修平螺絲釘的直徑大小，他們比賽看誰完成的螺絲釘最多。有個監督人員對山姆的速度留下了印象，沒多久便提升他到另一個部門。後來，山姆成為機器製造廠的廠長。

山姆正是因為找到了工作的樂趣，才讓自己的人生發生了轉機。許多在大公司工作的人，他們擁有淵博的知識，受過專業的訓練，他們朝九晚五地穿梭在辦公大樓裡，有一份令人羨慕的工作，拿一份不錯的薪水，但是他們並不快樂。他們是一群孤獨的人，不喜歡與人交流，不喜歡星期一；他們視工作如詛咒，認為自己僅僅只是為了生存而不得不出來工作；他們精神緊張、未老先衰，其健康真是令人擔憂。

如果你在工作中得不到快樂，那你在別的地方也不可能找到快樂，因為你一天的大部分時間都花在工作上。如果你經常為自己打氣，培養對工作的興趣，那你就會把疲勞降到最低程度，這樣也許就會為你帶來升遷和發展的機會。即使沒有這樣的好處，至少在減少了疲勞和憂慮之後，你可以更好地享受自己的閒暇時間。

當你在樂趣中工作，如願以償的時候，就該愛你所選，不輕言變動。如果你覺得壓力愈來愈大，情緒愈來愈緊張，在工作中感受不到樂趣，沒有喜悅的滿足感時，便說明有些事情不對勁。如果我們不從心理上調整自己，即使換一萬份工作，情況也不會有所改觀。

一個人工作時，如果能以精益求精的態度，火焰般的熱忱，充分發揮自己的特長，那麼不論做什麼的工作，都不會覺得辛勞。如果我們能以滿腔的熱忱去做最平凡的工作，也能成為最精巧的藝術家；如果以冷淡的態度去做最偉大的工作，也絕不可能成為藝術家。各行各業都有發展才能的機會，沒有任何一項工作是應該被藐視的。

如果一個人鄙視、厭惡自己的工作，那麼他必遭失敗。引導成功者的磁石，不是對工作的鄙視與厭惡，而是真摯、樂觀的精神和百折不撓的毅力。不管你的工作如何卑微，都應付之以藝術家的精神，付之以十二分的熱忱。這樣，你就可以從平庸卑微的境況中解脫出來，不再有勞碌辛苦的感覺，厭惡的感覺也自然會煙消雲散。

正確看待工作中遭受的委屈

一個心理健康的人，在面對挫折和委屈的時候，應自動調整自己的情緒，從而振作精神。

人在這個世界上，就免不了要和他人交流。在交流的過程中，難免會遭受挫折，忍受他人之氣。許多當時以為過不了的關、咽不下的氣，事後想想，其實情況並沒有想像中的那麼糟，只要堅持一下，退一步，忍一時，也就過去了。因此說，為人處世，要有好心態、有氣量，要能正確對待生活和工作中的挫折、委屈。

沒有誰喜歡批評而厭惡讚美。所以，如因工作不順或績效不佳而成為主管發洩怒氣的「沙包」，對任何人來說都是痛苦和可怕的體驗。縱然如此，我們也不能將不滿的情緒寫在臉上。不卑不亢的表現會令你看起來更有自信、更值得別人敬重，讓人知道你並非一個剛愎自用或是經不起挫折的人。

毫不隱諱地說，一個人要想在職場如魚得水，就要學會做變壓器、聽診器和陀螺。

為什麼要在職場成為「變壓器」呢？因為變壓器能夠對強大的電壓進行舒緩、調節和分流，進而達到「兵來將擋，水來土掩」的效果。

由於每個主管的工作方法、自身修養與情感都不相同，對同一個問題的處理方法就會表現出明顯的差異。然而，作為下屬，我們不可能去左右主管的態度和做法。

所以我們應認識到，只要主管的出發點是好的，是為了工作、為了大局、為了避免不良影響或以免造成更大的損失，哪怕態度生硬一些、言詞過激一些、方式欠缺妥當一些，作為下屬也要適當給予理解和體諒；反之，如果不去冷靜反思、檢討自己的錯誤，而是一味糾纏於上司的批評方式是否合適，甚至出言當面頂撞，不僅會激化矛盾，更會有損自己的形象。

一個心理健康的人，在面對挫折和委屈的時候，就應該像一個變壓器那樣，善於自動調整自己的情緒，從而振作精神。

除了要學會做「變壓器」類型的員工，做一個「聽診器」型的員工也有必要。聽診器的特點是能探測並判斷別人的內部健康資訊。當我們在對待那些態度不友善的主管時，就要學會做一支「聽診器」，設法了解其內心活動和真實意圖，進行「換位思考」，這樣才能做到知己知彼，掌握主動權。

事實上，當我們受到主管批評時，大多數人的第一反應就是從自我的角度考慮問題，認為上司是故意找麻煩。有這種想法，從「情」這個角度是可以理解的，但是在工作中，不但不利於改正錯誤，還會出現牴觸情緒，影響與主管的正常工作關係。所以我們不妨換個位置，設身處地，從主管的角度出發、思考，假如自己是主管，會怎樣對待犯了錯誤的下屬，能夠喪失原則、放任自流、姑息遷就嗎？答案顯然是不能！這樣一想，往往就會心平氣和了。

最後，我們還提倡，職場中人要學著做「陀螺」式的員工：撞擊次數愈多，卻轉得愈快愈順利。假如我們能明白，批評和責怪其實是一次很好的教訓，也是磨練意志的機會，能把挫折和苦難看作是一筆非常寶貴的財富，那麼，是不是就能很坦然面對了呢？

在職場上，有時候我們是可憐的「沙包」，但不管你是蒙羞還是受辱，都要忍耐，要改變自己以求容身之地。儘管當時可能會讓你感覺難堪，感覺沒有面子，但事後你可能就會發現，自己得到的其實更多，豁達的心境、融洽的人際關係、飛黃騰達的事業……或許正如法國偉大的思想家盧梭所言：「忍耐是痛苦的，但它的果實卻是甜蜜的。」所以，我們對待工作中的委屈應該持一種正確的觀點，抱一種感恩的心態，感謝工作中的苦澀讓我們獲得心靈的超越。

我工作，我快樂

快樂工作是一份責任心，是送給自己最好的禮物。當我們明白從任何事件和遭遇中都可以發掘快樂、都可以提升自我的道理時，工作便成了一種享樂。

有人說：「我工作就是為了更好地生存。」當工作變成了一種生存手段，它就會無可避免地對人施加壓力。人在重壓之下，快樂就成了最奢侈的事情。反之，如果一個人將自己喜歡的並且樂在其中的事情當成工作來做，就能發掘出自己特有的潛力。這樣，在外行人看來枯燥的工作，也能從中享受到工作的樂趣。

有人一提到工作，如臨大敵，好像一個被迫做著作業的孩子，那麼工作效率和成果也就談不上了。與其說工作就是一場戰鬥，不如說工作是一種生活更實在一些，戰鬥意味著較勁，工作不應是這樣，工作應是從容、有把握地去做。

不同的人對工作有不同的感受，有人把工作當成戰鬥，工作時總想避重就輕地做事情。工作真的是一場戰鬥嗎？有這種想法的人確實很累。建議不妨把工作當成一場有趣的球賽，或者是一頓豐盛的晚餐，說不定會帶給自己意想不到的效果。正如那些成功人士，他們把工作當成一種享受和快樂，總是多做一些事情，工作中他們忘記了自己，而屬於他們的成果卻堆積如山。

在我們的身邊，總可以看到一些人工作時非常忙碌、手忙腳亂，總是被動地做著一切。這種工作狀態不會使他們體會到工作的快樂，只有那些在工作中專心投入、輕鬆愉快而充滿無窮探索精神的人，才是工作的主人，這樣的人才能感受到人生真正的喜悅。很多明智的人都認為工作的最高境界就是一種享樂，甚至有一些人的觀點認為工作就是玩。生活中，我們總能看到一些人對工作忘情地投入，那種情形著實令人羨慕。

舉凡成功者無不都是從傑出的工作中走出來的，他們的成功之路就是一條充滿快樂的人生征途。他們從不沮喪和自暴自棄，為了成功，他們全力以赴，快樂地工作著。當然，並不是所有的道路都開滿鮮花，但愉悅的工作可以使我們學會很多東西。

一個人如果能從工作中獲得快樂，那麼他就不會感到工作的苦，這可能會使他成為一名技術高手，也可能會使他成為一名力挽狂瀾的管理大師。

事實上，哪怕是一份簡單平庸的工作，也能給我們帶來快樂，也能增加我們的威望和財富。現在，很多企業文化都是提倡「工作就是娛樂」的理念，這是一種聰明、高超的管理方法。員工如果能從工作中得到樂趣，這種來源於工作，又能推動工作的愉快感受，就會給他們提供綿延不絕的動力，從而大大激發我們的潛力，這就是工作的最高境界。

總之，快樂工作是一份責任心，是送給自己最好的禮物。當我們明白從任何事件和遭遇中都可以發掘快樂、都可以提升自我的道理時，我們的工作便成了一種享樂。

社會學家瓦納梅克：「在我看來，一個人除非對他的工作、他的未來懷有積極進取的願望，並樂意去做，否則他做不出成就。事實上，你如果有積極的進取心，你的身上就會產生十分驚人的力量。」

第四章　別讓抱怨成為扼殺人脈的元凶

史蒂芬·霍金說：「氣惱我自己的殘障，是在浪費時間。人生必須不斷往前走，而我到目前為止表現得還不錯。如果你一直在生氣或抱怨，別人也不會有空理你。」

抱怨就像是戳破氣球，讓別人跟著自己一同洩氣，可是心理健全的人不願意做灰色心情的殉葬品。所以，他要遠離你，像有潔癖的人逃離骯髒的環境一樣。

我們絕大部分人都生活在平凡中，但在平凡中我們可以創造一個不平凡的自我，而不是一個只會暗自抱怨的人。要記住——山不過來，你就過去。和同事的交往也是如此。這樣，生活就會變得更加美滿。

抱怨會讓你變得招人厭

抱怨有百害而無一益。無論碰到什麼問題，永遠也不要抱怨。如果確實存在需要改進之處，就動手改進它，而不是一味地抱怨。生活中最引起他人厭惡的，莫過於經常抱怨的人。其實抱怨者自身不見得不善良，不見得有多可惡，但有一點可以肯定的是，常常不受人歡迎。

抱怨是最令人難以忍受的事，它會影響你的人際交往。夫妻之間如果一方經常抱怨，就有可能導致家庭矛盾上演，如果彼此都是愛抱怨之人，甚至有可能會導致婚姻解體，勞燕分飛；同事之間，如果你是一個愛抱怨的人，那麼抱怨這種惡習會將你孤立。抱怨者的本意可能是想讓別人替自己打開一扇門，效果卻是敦促別人把那扇本來為你敞開著的窗也關閉了。可見，抱怨者沒有好人緣。

抱怨等於往自己的鞋子裡灌進污水、放入沙子，讓你走路時寸步難行。抱怨者在抱怨之後，非但不會輕鬆、不會釋懷，反而讓心情變得充滿灰色，更加憂鬱、沉重。抱怨不是卸下包袱，而是往自己脖頸套上枷鎖。陷在抱怨之中的人，白天看不見日光，晚上看不見星星和月亮，只能見到無盡的黑暗。

抱怨者的本意是想表達自己對外界、對他人的不贊同或不滿意，並且希望別人能同情地聽其訴說，甚至安慰。可見，抱怨者只是消極地表達自己的無能為力，是在有意無意中渲染自己的軟弱，而生活是不同情抱怨者的。

最不可取的是倚老賣老的抱怨者，總是把「吃過的鹽比你吃過的米多」這句話掛在嘴邊，對後輩和所有新鮮事物都表現出一副嗤之以鼻的態度。銀髮和皺紋不應該成為怨天尤人的資本，而應該成為具有豁達、寬容、海量的表徵。孔子曾說：「五十而知天命，六十而耳順，七十而從心所欲，不逾矩。」人應該是活得歲數愈大，愈想得釋懷、坦然，愈無礙無滯、灑脫一生。

有一位哲人說過這樣一句話：「生活是不公平的，你要去適應它。」不公平像空氣一樣，只要你持續念想著，它隨處可在，也隨時都可以牽著你，直到把你引入心靈的死角。一個以抱怨面對生活的人，就像一個靈魂的自虐者，他不懂得還有一種叫做「積極」的態度，一種叫做「寬容」的情操，一種叫做「天助自助者」的命運。

抱怨有百害而無一益。無論碰到什麼問題，永遠也不要抱怨。如果確實存在需要改進之處，就動手改進它，而不是一味地抱怨。如果你對現狀不滿，應該設法用積極的方式表達你的意見。事實上，任何抱怨都可以換成提問的角度來表達。這樣，所有人都樂於同你一起探討問題的所在，找出解決問題的方法。

走出抱怨，你就會迎來他人的笑臉，而不是對你退避三舍。

杜絕抱怨才有健康的溝通

抱怨只會妨礙健康的交往，妨礙健康的溝通。有益的健康溝通方式是直接與人進行面對面的溝通，並且只和當事者溝通。如果你選擇對另一個人表達你的意見，那就是抱怨。

人的交往也同樣如此。「志同道合」便是指興趣、愛好、志向相同的人才能攜手並進，才能舉案齊眉。反之，那些話不投機半句多者，通常都會相互牴觸、仇視，此生不同路，來世也不同船。由此可見，愛抱怨的人通常都和好抱怨者為伍。

比如有一群相互扶持的女性，她們每週都會舉行聚會，聚會的主題便是「聲討男人，抱怨男人」。她們最喜愛的話題就是「男人是用下半身思考的」、「男人不可靠」、「男人都很自私」、「絕不能相信男人」。正因為如此，這些女人中沒有一人和男人存在健康良好的關係，最終使她們成為這個城市中的「剩女」。

難道是她們從內心深處討厭男人，不想和男人擁有良好的關係？答案是否定的。她們也想遇到一個好男人，但是她們透過抱怨，向周圍人散發出「男人不好」、「男人別靠近我」的思想，致使男人對她們敬而遠之，更別說男人中的好男人了。她們用自己的抱怨，創造了這樣的現實。

在你的一生當中，可能遭遇過這樣的事情。你的同事可能對另一位同事心存怨氣，卻跑來跟你傾訴，而不是直接找他討厭的那個人溝通，以解決這個問題。如果你是公司的主管，若遇到你的下屬向你投訴另一位下屬的狀況時，你介入了——結果只有兩種：一種是你苦口婆心地勸說這個不滿的下屬，或者去找被投訴的下屬興師問罪。短程來看，你可能化解了當下的困境，但你卻沒有給予任何人需要的方法，去有效地處理他們的問題。

當你在試圖解決他們彼此之間的問題時，你並沒有樹立起健康溝通的榜樣。甚至，你在無意間鼓勵下屬，每次衝突都把你捲入其中，不管情況嚴不嚴重、事情重不重要。你應該做的，應該是請他們當面對質，彼此溝通，並且相信他們能化解衝突。

因此，請記住，抱怨是危害健康溝通的惡魔。為了與他人之間有健康的溝通，請不要抱怨。

總說他人喜抱怨者，自身就是一個好抱怨者

當你指責別人愛抱怨時，你要勇於承認你自己也有問題。當你指責別人愛抱怨之前，請先想看看自己的所作所為，是否也是一種抱怨？所以，你應該努力讓自己擺脫抱

怨，而不是把錯怪到他人頭上。

人為什麼總是喜歡抱怨？其中有一個重要的原因就是為了讓自己在相比較之下顯得更為優秀。當你在指出別人的缺點時，其實就是在暗示他人，你沒有這樣的缺點，因此，你比他人更為優秀。

當然，除此之外，還有一個所有人都不願意承認的事實，那就是你之所以能注意到另外一個人有這一缺點，是因為你自身也擁有這一缺點。就像那些覺得「身邊的人都滿腹牢騷」者，他們也都有慣性抱怨的傾向，你會發現自己對其他人的厭惡之處，就是你和他們的共同點，只是你對自己個性中的這一部分還沒有意識到。

請牢記，你會在別人身上看到某些優點，是因為你自己也有，這也是你的特質。這些正面的特點可能潛伏著，但如果你聚焦於此，在自己身上認真尋找並且好好培育，你就會憑藉著專注力，讓這些優點浮現出來。相反，如果你認定對方是一個愛抱怨的人，那麼，你自身就是一個好抱怨者。

每個人不只是透過自己的思想和言語創造了屬自己的現實世界，同時它也在不斷地影響著周遭的人。就好比你參加一場聚會，當大家開始鼓掌時，如果掌聲夠長，每個人就會以同樣的韻律拍起手來，他們會保持同步的節奏。這稱之為「曳引作用」——人類在振動中會趨向和諧，若是無法達到和諧，掌聲就會慢慢消停。

這樣的現象，在各種演唱會、演講場次中屢見不鮮，沒有人為其喊口號，沒有人指揮，只要掌聲響起，在經歷適當的時間後，同步的現象就會發生，有時候可能是幾十秒後就能發生有節奏感的掌聲，有時候則需要等上一兩分鐘，但最後一定會出現。

掌聲成為一種拍子、一種節奏，一群人開始有韻律地鼓掌，就像是同步的人類節拍器，這就是曳引作用。曳引就像一種地心引力，它也是一種原理。它沒有絕對的好壞，只是存在；而且它也像地心引力，隨時都在運行。你一直都會與周圍的人保持同步，你曳引著他們，他們也曳引著你。當你置身在其他抱怨者身邊時，你就會發現自己的抱怨也更多了。

察覺出你周遭有多少抱怨，有助於讓你明白，你可能正藉由自身的參與而引來抱怨，然後發出抱怨。這都是你要轉化人生必經的一部分過程。有時候，在你改變之際，你也會擺脫掉一些舊關係。

換個角度看問題，別讓抱怨影響你的人際交往

我們絕大部分人都生活在平凡中，但在平凡中我們可以創造一個不平凡的自我，而不是一個只會暗自抱怨的人。

有個人曾說過：「我用上班的時間鍛鍊了自己的身體！」雖然他為事業作出了那麼多貢獻，犧牲了那麼多的時間和精力，可是這樣想來卻是占了工作職場上的便宜。這是智者智言，它告訴我們——換個角度看問題，你一定能有所收益。

事實上，在生活中，人們總會遇到有很多不盡如人意的事，覺得煩惱、苦悶。我們也常常聽到有人抱怨自己容貌不夠美麗，抱怨天氣糟透了，抱怨自己不能事事順心，抱怨……整日怨天尤人、嘆息聲聲，抱怨上天的不公。殊不知，抱怨非但於事無補，還會影響人際交流，因為抱怨是一種消極情緒，它會傳染，進而會讓你周圍的人深受其害，於是，他們會想方設法避開你。既然抱怨並不能幫助你解決問題，反而會對你的人際關係產生危害，那麼，為何不換個角度看問題，停止抱怨呢？容貌不能改變，但你可以展現笑容；天氣不能改變，但你能改變心情；你不能樣樣順利，但可以事事盡心。這樣換個角度思考，往往能使我們走出「山重水復疑無路」的困惑，去領略「柳暗花明又一村」的意外驚喜。

《古蘭經》上有個經典故事。有一位大師練就一身「移山大法」。大家都很好奇，這位大師到底練成了怎樣神奇的「移山大法」呢？然而故事的結局足以讓你我回味——世上本沒有什麼「移山之術」，唯一能移動山的方法就是——山不過來，我就過去。

這移山大法啟示我們，如果事情無法改變，那麼我們就換個角度改變自己。生活中的確需要一些開朗和豁達，要善於在不利之中找出對自己有利的一面。倘若斤斤計較、患得患失，總是在不利的圈子裡原地踏步，那你就永遠走不出黑暗，看不見光明，只會憂心忡忡。這樣下去，既影響工作，又增加思想負擔，更影響身心健康。

俄國著名作家契訶夫曾說：「要是你的手指扎上一根刺，那你應當高興——挺好，多虧這根刺沒有扎在我的眼睛裡！」如果我們也能這樣看問題的話，當我們遇上麻煩時，就不至於愁腸百結了；當我們遇到挫折時，也就不至於心灰意冷了。

主觀思考是人的本能，但我們也有必要從我們的本能中解脫出來。我們需要換位思考，需要站在對方的角度想問題，因為只有站在對方的角度想問題，才能真正打動對方。作為員工，如果能站在主管的角度想問題，或許你心中的怨憤就會消失殆盡，你會慢慢理解主管為什麼會用這樣的方式安排工作，以這樣的方式對待你，你理解他了，他也就理解你了。

我們絕大部分人都生活在平凡中，但在平凡中我們可以創造一個不平凡的自我，而不是一個隻會暗自抱怨的人。要記住，山不過來，我就過去。和同事的交往也是如此。這樣，生活就一定會變得更加美滿。

你的態度就是別人對待你的態度

人活在這個世界上，就是與其他人共存的，你對待別人的態度就是將來別人對待你的態度。你覺得別人無足輕重，別人也會對你的事情漠不關心；當你重視別人時，別人才會重視你。

你想要別人怎麼對待你，你就要怎麼對待別人。你想要收穫什麼，就要付出什麼。這都是很簡單的道理，但是我們在實際生活中卻往往會忽略。

在人際交流中，我們都希望別人能夠熱情大方、彬彬有禮地，而沒有人願意和表情冷若冰霜、對人態度隨便、敷衍的人交流。但是，一個不可避免的問題是，我們是以什麼樣的態度來對待別人的呢？

聯合國有位親善大使前往非洲的一個國家訪問，回來以後，他宣稱那裡的人民是全世界素養最差的人。他說那國的海關人員總是板著面孔；計程車司機的態度也很不禮貌，對客人非常蠻橫；市民也很沒修養，缺乏人情味。當他向自己的朋友講述他的這段經歷和感想時，他的朋友告訴他：「世界就是這個樣子，你對它哭，它就對你哭；你對它笑，它就對你笑。試著先改變自己對他人的態度，然後觀察一下你所遇到的一切。」

後來，親善大使再次出訪這個非洲國家。這一次，他一路面帶笑容，無論是對海關人員，還是對平民百姓。結果他得出了與上次截然相反的結論，他告訴自己的朋友：「他們都是那麼和藹可親，笑容可掬。」朋友對此總結道：「想要糾正別人的態度，最快的方法是，先糾正自己的態度。無論什麼時候，都先要用善意揣度別人，只要你認為自己心裡是充滿善意的。」

孟子說：「愛人者人恆愛之，敬人者人恆敬之。」友善是人際交往的第一要素，也是一個人獲得事業成功的重要法則之一。如果我們先把別人想像得很壞，對別人處處設防，這種心態總會不自覺地流露出來，對方也必然會依據你的態度作出相應的反應，兩個人的關係就必然不會有什麼良好的發展。人和人的關係是相互影響、相互作用的，有句話叫「種什麼因，結什麼果」，一切都是有因果的。

就好比張先生是一家公司的職員，住在某棟公寓的一樓。由於剛工作不久，就為公司爭取到兩項專案，總經理對他很器重，他也因此自視甚高，平時說話做事難免有些盛氣淩人。很多同事對他是敬而遠之，包括住在同一座公寓樓裡的鄰居，平時見面最多打一聲招呼而已，彼此之間從沒有多餘的話。

當然，這一切對張先生來說，一點也不值得他在乎。因為張先生認為，只要把工作做好，能夠得到上級的賞識，就有大好的前途。

一年過去了，和鄰居之間相安無事。張先生也決定和相戀多年的女友完婚。而四月十二日，他出差去處理方案，也是張先生結婚前最後一次出差。一大早他帶上隨身物品，鎖好門就出發了。可是第二天下午三點多左右，他忽然接到女朋友的電話，說家裡被偷了，所有值錢的財物，包括婚禮要用的聘禮禮金等全被洗劫一空。這飛來橫禍使張先生目瞪口呆，連忙拜託總經理另外派人處理。一等到接替的人出現，張先生便匆忙趕回家。

回家後，小張立刻到派出所去打聽情況。派出所的人劈頭就問：「你是不是出門的時候把鑰匙忘在門上了？」小張大驚失色，連忙摸口袋，果然沒找到鑰匙。小張結結巴巴地說：「難道……」

警察告訴張先生，竊賊是用鑰匙開門進入房間的，因為門和窗戶沒有任何被撬的痕跡，公寓裡也有許多人證實，張先生出差的那天早上的確看到他家的門上插著一串鑰匙。

警察說：「你住在一樓，每天都會有人來回路過，可是他們看到你的鑰匙插在門上，卻沒有一個人替你保管，這也太奇怪了吧？」警察搖著頭，接著嘆氣地說道：「你的人緣是不是不太好？」只見張先生聽後，頓感羞愧，啞口無言。

張先生平日裡自視清高，無意中為自己的人際關係造成了無形的傷害，因此，在張先生需要別人幫助的時候，理所當然地沒有人向他伸出援手。

人活在這個世界上，就是與其他人共存的，你對待別人的態度就是將來別人對待你的態度。你覺得別人無足輕重，別人也會對你的事情漠不關心；當你重視別人時，別人才會重視你。

在抱怨中輕鬆斡旋

一個理性的人，不會因為一個問題經常發牢騷，因為他非常明白，這只會引起別人的反感。理性的人在面對別人的牢騷、抱怨時，往往能從中找到避免使自己捲入這無謂抱怨當中的最佳方法。

對公司不滿，對主管不滿，對同事不滿，甚至對下屬不滿，諸如此類現象，在職場中隨處可見。這類人似乎永遠都把自己當作受害者，除了愛抱怨，還喜歡找人傾訴，傾訴自己內心的不滿。如果你在職場中遇到你的同事或者下屬、主管向你訴苦時，一定要保持清醒的頭腦，分清楚到底是誰的錯，一邊傾聽對方的傾訴，一邊在內心裡做一個簡單的分析。即使你自己已經有了是非評判的標準，也要多留個心眼，既要關心同事、下屬或者主管的利益，也要安慰他不滿的情緒，同時提出一些有助益的建議。有一點需要牢記在心，千萬別和向你抱怨的人一起指責對方批判的對象。如果你選擇了和他站在同一陣線，那麼，你就可能多一個敵人。除此之外，沒有任何好處。

就好比王先生是一家企業的職員。有一天下班後，他打算先整理當天的資料再回家。可就是這麼幾分鐘，卻讓他遭遇了職場陷阱。就在大家下班以後，某同事走了過來，先是嘆了口氣，然後就開始數落主管的種種不是，說她如何嚴厲，對待下屬如何不盡人情等等，怨恨之情溢於言表。

王先生看同事這麼激動，本想安慰幾句，卻又不知從哪裡說起，於是就順口說句：「我覺得主管也挺差勁的，我也不喜歡這樣的主管！」然而話音剛落，主管卻因為忘記了帶手機又折返回來，正巧聽到了王先生這句話。她看了王先生一眼，沒有多說什麼。可是在以後的工作中，主管漸漸不再把工作分配給王先生。而王先生因為沒有業務可做，業績太差，不得不根據公司規定，主動離開公司。

只是隨口一句無心的話，卻引來了如此的禍患。這也提醒了職場中的每一個人：在我們面對其他同事的牢騷時，最好只耐心地聽他們抱怨，千萬不要發表任何意見，尤其不要和他一起，對他所抱怨的人和事評頭論足。無論如何，你都不會有所受益，向你抱怨的人也不會因為你和他在一條戰線上而和你成為要好的朋友。千萬記得，不要因為想和別人拉近距離而喪失了自己的原則。

當然，對同事的抱怨保持緘默又會顯得很不禮貌。面對這種情況，盡量用比較中性的語言來勸慰你的同事：「公司的制度總算是不斷改進的，這幾年薪資也提升不少，主管其實也想提高營業額度，如果有什麼建議，直接和對方坦誠相見也是一種好辦法……」像這樣比較明智的回答，是輕鬆斡旋於牢騷滿腹的同事間的好辦法。當你面對同事的抱怨時，不妨借鑑此方法。

給他人面子就是給自己面子

聰明的人在和他人交流的時候，從來不會把話說死，他們會留一條後路，既給別人留後路，也給自己留後路。有遠見的人總是利用和他人交流的片刻時間，為自己積累最大限度的人脈，當然，也會給他人留下迴轉的餘地，沒有人不喜歡對自己有幫助、尊重自己的人。

兩個人的想法是不可能完全相同的，就算是小事情，彼此達成共識也是很難的事情。所以，不可要求他人和你的想法相同，因為這很危險。當然，我們也不能因為害怕和他人有分歧而沒有自己的主張，這樣也不可能在工作過程中表現出自己的優點。因此，如果經過自己分析，確信自己的方法是正確的，就要堅持自己的主張。不過堅持要講究方法，要讓他人接受你的想法，還要給他人留足面子。記住這句話：「給他人留了面子，就是給自己留了面子。」

有一位名叫安華的女子，在一家食品包裝工廠工作，任務是為新產品做市場測試。可是在一次測試任務中，安華卻因為感冒，腦袋昏沉，竟把整個表格的數據都填錯了位置。眼看馬上就要下班了，表格還沒有調整過來，這讓安華非常不安，因為組長正等著收她的表格。然而當組長了解安華的情況時，並沒有抱怨，也沒有生氣，而是耐心地等到安華調整完畢後，才和她一起離開辦公室，當時距離下班的時間已經超過一個半小時了。

後來，過了大約半年左右。有一次，組長突然腹瀉，眼看新測試任務的表格還沒整理完畢，她卻使不上力。當所有人都下班了，安華卻在這時發現組長生病了，曾受過組長幫助的她立刻放下包包，幫忙組長整理表格。在安華的幫助下，組長順利完成了表格，並對安華的幫助表示非常感謝。

人與人之間，也像大自然間的任何事物一樣需要平衡，人們也總是自覺不自覺地在維持著一種平衡的狀態。因此，當你想在他人面前擁有自信、受到尊重的時候，你首先要讓他人在你面前感覺自信，並且受到尊重。

不要責怪或抱怨他人

我們活著就意味著要與他人打交道，同時也意味著要與他人交流、合作以及承受由此帶來的分歧或快樂。面對分歧，我們所要做的就是不指責、不抱怨。

哲學家沙特說：「我從不責怪這個世界，我只責怪自己，因為我只依靠我自己。」作為一代哲學大師，他完全有理由自責，但是作為一個普通人，我們做不到只依靠自己，所以也沒必要責怪自己，但是我們至少能做到不批評、責怪或抱怨他人。「人是社會關係的綜合體」，人並不只是自己在生活，而是必須從屬一種由各種關係所形成的體系。

每個人的性格、特點與能力大小，決定了其處事風格、效率、節奏的不同，所以我們與他人共事時，要從理解他人出發，肯定他人的長處，包容他人缺陷的存在，從而給對方一個寬鬆的環境與空間。如此一來，與他人的分歧便會逐漸縮小。此外，當我們允許分歧的存在時，我們也就能夠就事論事。比如說就工作而言，同一件事，甲有甲的觀點，乙有乙的想法，甲不能強求乙來適應自己，乙也不能勉強甲認同自己，那麼雙方只有各退一步，各自調整，找到一個合適的途徑，而不是指責。即使是雙方發生爭論，也要從工作出發，而不是相互抱怨，這樣一來，彼此心無芥蒂，爭論只會有助於各自進步、成長，而不會成為相互攻擊、詆毀的工具。

在一個公平的職場上，同事之間應該是相互理解、相互尊重，同時也相互探討、相互學習，但絕不相互指責與抱怨。有一句話適合讓現代人在生活、工作中去遵循——理解他人，善待自己。當我們在理解他人、提供他人寬鬆與善意時，他人也會以同樣的態度對待我們。如此一來，我們也善待了自己。

第五章　對你的行為負責，別總是抱怨

一個人的成功來自於在錯誤中不斷學習，因為只要你從錯誤中學得經驗、吸取教訓，就不會重蹈覆轍。只要你堅持並且有耐心，認識錯誤，改正錯誤，彌補錯誤，就能吸取經驗，取得成功。因此，要想成功，你首先要有起碼的責任意識——出現問題時不要為開脫自己的責任不斷地辯解，而要負責任地去解決問題。

責任是一個人成功的起點，不管你做什麼事，都應該勇於承擔屬自己的責任，這是最基本的做人準則。

負責任的人從不抱怨

有責任感的人面對問題時，從不會抱怨，而是問自己：「我還能做些什麼？」我們應該用這句話來代替所有的抱怨和推卸責任的行為。

在日常工作中，有的人碰到問題就推諉、抱怨，渾渾噩噩，敷衍了事，得過且過，結果當然是什麼事都做不好，也無法促成一件大事。這種現象隨處可見，見怪不怪。追根究柢，就是缺乏責任心。

我曾經聽過這樣一個故事，兩個人在傳遞一根針時，不小心掉在地上，五個國家的人有五種不同的找法——德國人做事嚴謹，把針掉落的地方分成許多格子，然後一個格子一個格子地找，最終成功找到了針。法國人性格浪漫，他們憑藉靈感，喝著香檳，吹著口哨，靈感一來，便找到了掉落的針。美國人性格開放，不拘小節，他們用掃把將所有東西掃進畚斗，從地上的塵絮裡找到了那一根針。日本人注重分工合作，兩人商量著分工尋找，很快地掉落的針也一下子就被找到。

一個人如果沒有責任心，就不會恪盡職守、勤奮工作。沒有高度的責任心，在其位而不謀其政，連自己分內的事情都做不好，不稱職，當然不可能被委以重任。

俗話說：「國家興亡，匹夫有責。」一個公司的興亡，絕不僅僅是公司管理者的責

任，而是每一個人的責任，只有每一個人把公司興亡看成是自己必須肩負的責任，心中時刻牢記「公司興亡，我的責任」，才能提升責任心，才能解決我們在工作中推諉、抱怨、拖延、執行不力等成堆的問題。

缺乏個人責任意識是企業中發生的一切問題背後的問題。個人責任心的提升不是透過改變他人能解決的，必須是自己率先改變才能解決的問題。我們不應該抱怨團隊，而要充分認識到自身的力量，與其不斷抱怨別人，不如改變自我，起而行動，解決問題。

有責任意識的人面對問題的時候從不會抱怨，而是問自己：「我還能做些什麼？」我們應該用這句話來代替所有的抱怨和推卸責任的行為。

別為自己的過錯辯解

能夠直面自己的弱點，再拿出足夠的勇氣去承認它、面對它，這不僅能彌補錯誤帶來的不良後果，還能讓自己在今後的工作中更加謹慎行事，而且別人也會原諒你的錯誤，積極補救永遠是犯錯後表現態度與智慧的最好方法！

有一句俗語叫：「智者千慮，必有一失。」指一個人再聰明、再有能力，也總有失敗、犯錯的時候。人犯了錯誤往往有兩種態度，一種是拒不認錯，找藉口辯解；另一種是坦誠承認錯誤，勇於改正，並找到解決的途徑。

每個人都有犯錯的可能，因此犯錯並不可怕，只要你坦率地承擔責任，並盡力去想辦法補救，那麼你依然可以立於不敗之地。對於那些犯了錯誤，在第一時間內尋找藉口為自己辯解，不肯承認錯誤的人，追根究柢也是人性天生的缺點。這種人在工作中出現錯誤時，往往會找許多藉口為自己辯解，且理由說起來都是振振有詞、頭頭是道。比如「貨物派送延遲，這是其他部門的不對」、「品質不佳」、「這要怪檢查人員的的疏忽，與我沒有關係」、「我都是按照公司的要求去做的，錯不在我！」這種人拚命地為自己找藉口，以為這樣就可以將自己的錯誤掩蓋，將責任從自己身上撇除乾淨。但事實卻並非如此。面對你精心尋找的理由，主管或許會原諒一次，但心中一定會感到不快，對你產生不好的印象。你為自己辯護的舉動，不但不能改善現狀，所產生的負面影響還會讓情況更加糟糕。基於此，還是建議你，犯了錯便直接承認錯誤，而不是去為自己辯護。

日本著名首相伊藤博文的人生座右銘就是「永不向人講『因為』」。這是一種做人的美德，也是一個人為人處世、辦事做事的最高深的學問。

舉例來說，有一位畢業於知名大學的工程師，有學識，有經驗，但犯錯後總是自我辯解。他應聘一家工廠時，主管對他很信賴，事事讓他發揮，結果卻發生了多次失敗。而每次失敗都是工程師造成的的錯誤，可工程師永遠都有數個藉口為自己辯解，說得頭頭是道。而因為主管並不懂技術件方面的操作，常被這位工程師反駁得無言以對。廠長看到工程師總是不肯承認自己的錯誤，反而推脫責任，心裡很是惱火，最後開除了這位工程師。

能夠直面自己的弱點，再拿出足夠的勇氣去承認它、面對它，這不僅能彌補錯誤帶來的不良後果，還能讓自己在今後的工作中更加謹慎行事，而且別人也會很痛快地原諒你的錯誤。所以說補救才是最好的方法！

也許有些人認為，承認錯誤有失自尊，放不下面子。事實上，勇於承擔責任的結果同這些想法恰恰相反。勇於承認錯誤，你給人的印象不但不會往負面發展，還會使人尊敬你、信任你，你在別人心目中的形象反而會成功建立成一個值得被尊敬的形象。

一個人的成功來自於在錯誤中不斷學習，因為只要你從錯誤中學得經驗、吸取教訓就不會重蹈覆轍。只要你堅持並且有耐心，認識錯誤，改正錯誤，彌補錯誤，就能吸取經驗，取得成功。因此，要想成功，你首先要有起碼的責任意識——出現問題時不要為開脫自己的責任不斷地辯解，而是要負責任地去解決問題。

別抱怨，請承擔起屬於你自己的責任

對工作負責，勇於承擔起自己應付的責任，將自己的潛能發揮出來，克服困難這個攔路虎。只要下定決心，你一定能完成任務，從而讓自己變得比別人更出色。

責任是一個人成功的起點，不管你做什麼事，都應該勇於承擔屬自己的責任，這是最起碼的職場道德準則，也是個人的修養品德。然而，現實生活中，許多現代人毫無責任感可言，他們對感情抱著敷衍玩弄的態度，對家庭抱著不耐煩的態度，對事業更是得過且過。在職場中，這種推卸責任的現象普遍存在。有些員工出現失誤時，不會反省自己，反而有數種理由，說得理直氣壯，好比「別人不採納我的意見」、「這不是我的職責」等等。這種人膚淺地以為，推卸責任就能讓自己置身事外，殊不知，這樣做不但不會擺脫責任，只會把事情搞得更糟，還會為自己的主管留下「不負責任」的負面形象。如若事情真的發展到這種地步，在公司晉升對你來說基本已經不可能成真了，這世上沒有人願意將機會給予一個不願承擔責任的人。

威廉和艾瑞克是快遞公司的員工，兩人是工作上的搭檔。對工作，他們一直以來都是非常認真努力。主管對他們也很滿意，然而一件事卻改變了兩個人的命運。

有一次，威廉和艾瑞克需要負責運送一份包裹。這份包裹很貴重，是一件古董，主

管反覆叮囑要小心。然而到了運送地點，威廉把包裹遞給艾瑞克的時候，艾瑞克卻一時恍神，沒有接住，包裹就這樣掉在了地上，裡頭的古董也摔碎了。

後來主管對他倆進行了嚴厲的批評，然而艾瑞克卻急忙辯解：「主管，這不是我的錯，是威廉不小心弄壞的。」然而面對艾瑞克急於把責任推向自己的狀況，威廉卻只是鄭重其事地說：「這件事情是我們的失職，我願意承擔責任。」

威廉和艾瑞克等待著事件處理的結果，不久後主管便將威廉和艾瑞克叫到了辦公室，並對他倆說：「其實，古董的主人看見了你倆在運送古董時所做的一舉一動，他跟我說了他看見的事實。還有，我也看到了問題出現後你們兩個人的反應。我決定，威廉留下繼續工作，並用你的薪資來償還客戶。至於艾瑞克，明天你不用來上班了。」

想必大家都明白艾瑞克為什麼會失去工作。事實上，在我們身邊，不乏艾瑞克這樣的人，他們總是強調，假如別人沒有問題，自己肯定不會有問題，借機把問題引到其他人身上，用以減輕自己承擔的責任。與其在這裡花費心思找各種理由推卸責任，不如想一想怎麼做能夠真正承擔起責任，把造成的損失降到最低。

你要牢記，只有不抱怨，並勇於承擔責任的人才可能活得比別人更出色。

勇於負責，生命才能更美好

一位哲人曾經說過：「當我們竭盡全力工作時，不管結果如何，我們都贏了。因為這個過程帶給我們滿足，使我們成為贏家。」

勇於負責，是提升個人和工作績效的神奇法則。人們必須停止把問題歸咎於自己周圍的環境，以勇於負責的態度對待自己的工作，那樣一切都會有所改變。

勇於負責是一個人的美德，也是一個人取得成就的前提。有責任感的人能夠坦然地面對逆境，能夠在各式各樣的誘惑面前把持住自己，能夠真正擁有正直自愛之心。勇於負責能夠讓一個人具有最佳的精神狀態，精力旺盛地投入工作。如果一個人在工作中失去了責任感，那麼他就會感到工作對自己的束縛，感到所做的工作只有勞碌辛苦，沒有任何趣味可言，更不會有什麼偉大的成就。

沒有責任感的人容易出現輕視工作、敷衍了事的習慣，他們常常會對自己說：「做這種乏味的工作，有什麼希望呢？根本不值得我全力以赴。」於是，他們輕率、敷衍、逃避，失去了許多機會。所以說，對工作負責就是對自己負責。

責任感對一個人一生具有重要影響，勇於負責乃是一個人事業成功的關鍵。生活中充滿了各式各樣的機會，只要你以勇於負責的態度對待它，它就會帶給你意想不到的豐厚回報。但是，如果你逃避它，或許到手的財富也終將消失殆盡。

責任伴隨著每一個人生命的始終，從我們來到人世間一直到我們離開這個世界，我們時時刻刻都要履行自己的責任：對家庭負責，對工作負責，對社會負責，對生命負責。

對自己的行為負責

一個人從工作中體會到快樂，才是工作的最高境界。對於企業員工來說，對企業責任的責任心和出色的表現，為企業創造了更多的發展空間和機會，他所獲得的不僅僅是一種物質上的獎勵，更多的是一種自我價值的實現。是人生自我實現的需要。

一個人邁向成熟的第一步應該是敢於承擔責任。我們生活在這個世界上，就要面對生命中的許多責任，絕對不能在遇到困難或跌倒的時候，抱怨周圍的環境。

為什麼人們都喜歡把責任推到他人身上呢？其實這不足為怪，因為責怪別人比自己承擔責任肯定要容易得多。想想自己，你是否經常喜歡責怪父母、主管、師長、丈夫、妻子或子女？我們甚至喜歡責怪政府以及整個社會，最糟糕的是責怪自己不該來到人世。

對那些不成熟的人來說，他們永遠都可以找到一些理由，用外在環境來解釋他們自身的某些缺點或過失，比如童年貧困、沒有受過教育、健康狀況不好、父母對他的教導方式過於鬆懈等等。對這些人來說，他們感覺命運總是和自己作對，也沒有想過去克服，總是在找一些替罪羊。

就好比有一個年輕女子，她常常抱怨自己的母親影響了她的一生。原來她小時候，父親病逝，母親隻身一人外出工作，以維持生計，並盡自己的努力撫養女兒、教導女兒。後來，這位母親成為了企業家，她終於有能力讓女兒接受最好的教育，但女兒卻把她的成功視為最大的障礙。

她說她的童年太不幸了，因為她時時處在一種「和母親競爭」的狀態中。她的母親很無奈地說：「這些年來，我一直努力就是為了給她一個更好的機會，結果卻給她增添了另一種壓力。」

神奇的是，華盛頓並沒有高貴富有的家世，也沒有社會功績顯赫的父母，卻成為了推動歷史的舉世聞名之人物。林肯幼時清貧，這也沒有成為他人生發展的障礙，他也沒有想過責怪任何人。他曾說：「我對美國人民、基督教世界、歷史，還有上帝最後的審判，都負有責任。」

對自己的行為負責是做人的一種境界，它能夠讓人感到輕鬆，這是證明自己能力的最有力的證據。每個人對自己所承擔的責任都有一種成就感，為責任而戰，你將感到快樂。

很多人在責任面前表現得像縮頭烏龜，總要找各種理由為自己推卸責任。由於他們的不負責任，從而使工作的疏忽隨時發生。出於疏忽、敷衍、偷懶、輕率而造成的可怕慘劇在人類歷史上無時無刻不在發生。世界上每年因為「不負責」所造成的生命的喪失、身體的傷害和財產的損失，有誰能統計得清楚呢？

許多人之所以失敗，往往就是由他們的不負責任、馬虎大意、魯莽輕率造成的。許多員工做事不精益求精，只求差不多。儘管從表面看來，他們也很努力、很敬業，但結果卻無法令人滿意。那些需要眾多人手的企業經營者，有時候會因員工無法或不願意專心去做一件事而深感無奈。懶散、漠不關心的做事態度似乎已經變成常態，除非苦口婆心、威逼利誘，奇蹟才可能出現，否則，沒有人能一絲不苟地把事情辦好。

這些人養成了馬虎、心不在焉、懶散的壞習慣，他們往往不可能出色地完成任務。約定會面的時間總是遲到，其他企業就會拒絕合作；與人約定外出時總是延誤，別人會大失所望；辦事時缺乏條理性，思維一片混亂，別人就會喪失對他的信任。更重要的是，一旦染上這種惡習，一個人就會變得不誠實，遭到他人的輕視——不僅輕視他的工作，而且會輕視他的為人。

一旦這種人成為主管，其惡習也必定會影響到下屬——看到主管是一個馬虎的人，員工們就往往會競相仿效，放鬆對自己的要求。這樣一來，每個人的缺陷和弱點就會滲透到公司，以致影響整個事業的發展。如果他是作家，文章必定漏洞百出；如果他是一個管理者，其部門必定一塌糊塗。

可以說，不負責任和馬虎草率是成功的絆腳石。當一個人被迫履行自己的職責時，很可能很不情願，如果把責任當成一種卸不下來的負擔，感受到一種無形的壓力，責任對他來說，與其說是一種快樂的承擔，不如說是苦惱而無奈的面對。因此說，快樂地承擔責任是一種生活的灑脫，是一種生活的境界，一定會得到不少信任和尊敬。

現實生活中很多人都承擔著自己應盡的責任，有的是工作中的責任，有的是生活中的責任。每個人都希望在自己所處的企業中處於重要的位置，當員工能夠在企業中主動而快樂地承擔責任，他會意識到自己在企業中是那麼不可或缺，甚至感到了自己的分量和對集體的責任。正如一位管理專家所說：「給予組織中的成員責任，這才能使他對這個組織有歸屬感。」

當然人與人之間是有差異的，不同的人對責任的理解也是不同的，不是每個人都能做到快樂地承擔責任，甚至有的人認為自願承擔責任是愚蠢的行為。這種人如果沒有得到理想的報酬，責任感便可能大打折扣，如果他們認為企業主和企業管理者沒有盡到自己的社會責任，他在承擔責任時也無法積極。這種問題並不是沒有，這也是企業家和雇主應該深思的問題，因此每個國家的政府都會制定詳細的勞工法條，要求企業與雇主保護基層的權益。就好比臺灣的勞保局。某些企業家不能只要求員工有敬業精神，還要承擔企業自身對社會的責任，比如每月按時為員工給付醫療保險、勞工保險等等，這在某種程度上大於員工對企業的責任，是一種社會良知和道德責任感。

在很多方面，我們提到的都是員工對企業的責任感，但企業家同時也須負責任心。例如喬治是一家公司的主管，公司的業務一直處於興旺狀態。工作任務繁重，每天都要接待重要的客戶，外加參加一些公司會議，天天都要加班。在他的日常規劃表裡，「休息」這兩個字很少出現，但是他一點都不覺得累，也不曾抱怨自己的工作。

在別人向喬治問起企業繁榮的祕訣時，他說：「我把每一個員工視作自己的孩子一般，誰的生日到了，或是關心員工的家境狀況，這些情況我都清楚明白。」喬治認為為員工著想，讓員工有一種歸宿感，是自己的一種責任，所以他一直辛勤並且保持心情愉快地工作，並且積極度過每一天。每天的工作結束後，他都會在他的日記本上寫下：「今天的工作很開心，又收穫了很多東西，明天繼續努力，還會有更大的收穫」

一個人從工作中體會到快樂，這才是工作的最高境界，對於企業員工來說，對企業責任的擔當和出色完成，為企業創造更多的發展空間和機會，他所獲得的不僅僅是一種物質上的獎勵，更多的是一種自我價值的實現。這是人生自我實現的需求，也是人生的最高需求。這種需求得到滿足時，人才會獲得真正的快樂。

作為一名企業的員工，如果能以承擔責任為快樂，那麼我們就有足夠的理由相信，他一定會很好地擔當起責任，把自己的工作做得更好。

找藉口只會讓事情更糟糕

找藉口只會讓事情變得更糟糕，因為沒有人願意聽你解釋事情的原委。當事情發生後，找到辦法，解決問題才是關鍵。因此，遇事請別找藉口，那只會讓事情更糟糕。

遇事找藉口幾乎已經成了大多數人的習慣，當遇到問題時，他們會抱怨所有能夠聯想到的人事物，比如父母、比如師長、比如工作範圍、比如上級主管等等。而找藉口最糟糕的是，一旦一個人習慣找藉口，他就不再願意努力去改變自己的處境，遇到問題時也不願意尋找方法解決。

例如，當你聽到「我沒有按時交報告，是因為我無法把所有成員集合起來」這句話時，你會作何反應？你感覺它是一個藉口，還是一個切實的理由？其實，這句話是藉口還是理由都已經無關緊要了，因為事情的結果已經出來了，那就是報告已經遲交了。一句話是藉口還是理由，這不是最重要的，養成了尋找藉口的習慣才是真正的問題所在。

但是，負責任的人是很少讓你聽到這樣的話的，因為他們從來不會在尋找藉口上浪費時間。就好比一位被下屬的「藉口」弄得心煩意亂的主管，實在沒有辦法了，便在自己的辦公室貼上了一條標語，上頭寫道「這裡是『無藉口區』」。後來，他向各個部門宣布接下來的一個月是「無藉口月」，並告訴所有人：「在這個月裡，我們只解決問題，不允許找藉口。」

在這個月裡，大家都開始按照規定，不找藉口，只找方法。第一天，一位顧客打電話來抱怨說：「你們公司的送貨時間太晚了，怎麼回事呀？」

物流負責人聽後，立刻道歉說：「對不起，的確是我們的錯。」隨後，他安撫顧客，並給顧客承諾要補償他的相應損失。當物流負責人掛掉電話後，他說自己原本是要向顧客解釋原因的，但一想到這個月是「無藉口月」，所以他認真道歉，並找出了解決問題的辦法。

後來，那位顧客寫了一封信，讚賞了物流負責人的服務。顧客在信中說：「我在貴公司裡並沒有聽到千篇一律的藉口，這讓我大感意外，因為很多公司遇到此類問題一般都是找藉口和理由的。」

找藉口只會使事情變得更糟糕，如果不找藉口，反而專注於找方法，效果往往十分理想。這就是該企業的「無藉口月」活動得出的有益結論。

別找藉口，勇於承擔責任

人們必須停止把問題歸咎於他人和自己周圍的環境，應當勇於承擔自己的責任。一旦自己做出選擇，就必須盡最大的努力把事情做好，一切後果由自己承擔，絕不找藉口，不推卸責任。

我們經常會聽到有人問「這是誰的錯？」卻看不見有人承認，反而許多人只急於狡辯，或者為了推卸責任而指責別人。為了免受譴責，多數人都會選擇欺騙手段，尤其是當他們明知故犯的時候。當你明知故犯地犯了一個錯誤時，除了編造一個敷衍他人的藉口之外，有時也會給自己找出另外一個理由。所有這一切都是因為這些人連基本的責任意識都沒有。

避免或逃避責罰是人類的本能，多數人在「有利」與「不利」兩種形勢的抉擇中都會選擇對自己有利的那一方。透過各種「免罪」行為，人們可以暫時逃脫責罰，保持良好的自身形象。但如果你只願意接受表揚而不願意承擔責任，那麼永遠別指望改正錯誤的東西。

人生最大的智慧在於理智地尋找合適的生活方式。很多人整天不把精力用於把工作做得更好上，而是大部分時間在抱怨公司制度和主管能力。可以說，不滿和抱怨是最流行的一種情緒，也是為自己找藉口的機會。

其實，一個人沒有進步和沒有突破的原因不在於別人，也不在於主管，而是你自己能否有創造性地安排自己的生活方式。是自己的思想決定自己的進取心。你若不想做，就總會找到一個藉口；你若想做，就會找到方法。

對於那些一天到晚總想著如何欺瞞他人的人來說，如果他們肯將一半的精力和創意用到正途上，那麼，他們一定可以取得卓越的成就。如果你善於尋找藉口，那麼就試著將找藉口的創造力用於尋找解決問題的方法，情形也許會大為不同。所有尋找藉口的人，根本的問題就是他們缺乏責任意識，他們不知道自己應該負什麼樣的責任或者認為找一個藉口就可以與責任擺脫關係。這樣的想法既危險又可笑，就像一個罪犯，他不斷地逃，當有一天他無處可逃的時候，等待的就是法律的審判。所以，當我們不斷地找藉口推卸責任的時候，我們有沒有想過，當我們想推卸卻無法推卸的時候，我們怎麼辦？

因此，在任何時候，我們都必須強化自己的責任感，絕不找藉口，也不藉此推卸自己的責任。因為，這才是對自己真正負責任，也是對他人負責任。

責任是一種生活態度

當責任感成為一種工作態度時，工作對於你的意義就不僅僅是賺錢那麼簡單了，你也就不會因為公司的規定而覺得自己的自由受到了限制，更不會做出違背公司利益的事。

責任是一種生活態度，一位曾多次受到公司嘉獎的員工說：「我因為責任感而多次受到公司的表揚和獎勵，其實我覺得自己真的沒做什麼，我很感謝公司對我的鼓勵，其實擔當責任並不是一件困難的事，如果你把它當作一種生活態度的話。」

其實，在我們所受到的教育中，有很多內容是關於個人的責任感。注意生活中的細節有助於責任感的養成，大家都認為習慣成自然，當責任感也成為一種習慣時，就會慢慢成為一個人的生活態度，就會有人自然而然地去完善它，而不是刻意。當一個人自然而然地做一件事情時，當然不會覺得麻煩和疲勞。

負責任是一種生活態度，不負責任也是一種生活態度。比如對於承諾的信守，這就是你的責任。你給予別人某種承諾，別人可能會對你的信守承諾表示讚美，對此你可能不會欣喜，因為你覺得自己本該這麼做，這是你的一種生活態度。但是，如果你無視自己的承諾，放縱自己的行為，最終恐怕遭殃的將是你自己。

例如有一位男子小李，他是一名火車後車廂的煞車操縱員，他聰明、和善，常常面帶微笑，因而受到乘客們的喜愛。

有一天晚上，一場暴風雪不期而至，火車拖延了到站時刻。小李忍不住抱怨著，這場暴風雪將迫使他在寒冷的冬夜裡加班。就在他思考著該用什麼樣的辦法才能避免加班時，另一個車廂裡的列車長和工程師意識到這場暴風雪的不對勁。

這時，在某兩個車站之間，有一列火車引擎的氣缸蓋子被風吹掉了，以至於需臨時停車，而另外一輛自強號又不得不切換道，幾分鐘後就會從這條鐵軌上行駛而過。列車長趕緊命令小李拿著紅燈到後而去。小李心裡想，後車廂還有一名工程師和一名煞車操縱助理正值守著，便笑著對列車長說：「不用那麼急，後面有人在守著，等我拿上外套就去。」然而列車長一臉嚴肅地說：「一分鐘也不能等，那列火車馬上就要來了。」

「好的！」小李微笑著說。列車長聽到他的答覆後匆忙地向前面的機房跑去了。但是，小李並沒有執行列車長的命令，他認為後車廂裡有一名工程師和一名煞車操縱助理，自己又何必冒著嚴寒和危險，快速跑到後車廂去？他停下來喝了幾口酒，驅了驅寒氣，這才吹著口哨，慢悠悠地向後車廂走去。

他走到離後車廂不遠的地方，才發現工程師和煞車操縱助理根本就不在裡面，他們已經被列車長調到前面的車廂去處理其他問題了。此時，小李才意識到問題的嚴重性，他瘋狂向前跑去。但是，一切都晚了，在這可怕的時刻，那輛自強號的車頭直直衝擊著小李所在的火車上，頓時間乘客的嘶喊聲與金屬撞擊的尖銳聲混雜在了一起。而小李因為首當其衝，撞擊的當下便失去了生命跡象。

小李因為對工作抱持著無所謂的態度，以至於釀造了一場人間悲劇，自己也深受其害。這件事值得每個人警醒。作為公司的一名員工，有責任遵守公司的一切規定。當你違反了公司的規定卻沒有足夠的理由時，形式上的懲罰並不能掩蓋你對責任的漠視。

如果你習慣了別人替你承擔責任，那麼你將永遠虧欠別人，你的自尊永遠也不會完整。所以，把責任感作為一種生活態度吧，這樣既不會覺得責任給自己帶來壓力，也不會因為自己承擔責任而覺得別人虧欠了你什麼。

當責任感成為一種工作態度時，工作對於你的意義就不僅僅是賺錢那麼簡單了，你也就不會因為公司的規定而覺得自己的自由受到了限制，更不會做出違背公司利益的事。作為員工，不要總抱怨主管沒有給你機會，有空的時候不妨仔細想一想，在主管交給你任務時，你是否能夠沒有抱怨、盡職盡責地做好它？你是否平時就有給主管留下了一個能夠承擔責任、勇於負責的印象？如果沒有，就別抱怨自己沒有機會。

實際上，當你少一些抱怨、少一些牢騷、少一些理由，多一份認真、多一份責任、多一份主動，讓責任感成為你工作和生活的一種態度時，機會就會來敲你的門。

第六章　抱怨問題不如解決問題

英國哲學家克拉克說：「抱怨是最嚴重的迫害。」事實上，抱怨除了帶給我們巨大的傷害外，解決不了任何問題。

沒有人會因為壞脾氣和消極負面的心態而獲得獎勵和提升。仔細觀察任何一個管理健全的機構，你會發現，最成功的人往往是那些積極進取、樂於助人、能適時給予他人鼓勵和讚美的人。身居高位之人，往往會鼓勵他人像自己一樣快樂和熱情。

人往往是在克服困難的過程中產生勇氣，培養堅毅和高尚的品格的。常常抱怨的人，終其一生都不會有真正的成就，因為抱怨無法解決任何問題。

抱怨毫無益處可言

不要對自己的逆境存有抱怨，不如放平心態，接受目前的一切，從中去發現解決問題的方法，然後付諸行動。這樣，才有可能改變我們的境遇。

海倫說：「愛和愉悅使人生明朗開闊，而抱怨則只會使人心靈陰暗。」人自從出生的那一天起，就成了生活遊戲的選手之一，生活遊戲的勝利和失敗，全憑個人。如果你積極主動地參與其中，你會體驗到生活的無窮精彩，會對自己的生活懷有極大的快樂和感恩之心，對於你來說，每天早晨都是一個新的開始，都是一個新的召喚，每一次失敗都是成功的一個新起點。

有些人常常抱怨命運不公，卻不反思自己為理想都做了什麼。其實，只要放平心態，拿出行動，你一樣也能活得很好，就像下文舉例中的老虎。

有一天，一隻強壯的老虎來到了天神面前，牠說：「我很感謝你賜給我如此雄壯的體格，如此強大無比的力氣，讓我有足夠的能力統治這整座森林。」

天神聽了，微笑地問：「但是這不是你今天來找我的目的吧？看起來你似乎正為了某事而困擾呢！」

老虎說：「天神果然了解萬物！我今天來的確是有事相求。儘管我的能力很強，但是每天雞鳴的時候，我總是會被雞鳴聲嚇醒。神啊！祈求你，再賜給我一個力量，讓我不再被雞鳴聲嚇醒吧！」

天神笑道：「你去找大象吧，牠會給你一個滿意的答覆。」

聽完天神的指示，老虎來到湖邊尋找大象，還沒見到大象，就聽到大象走路時所發出的「砰砰」聲。

老虎加速跑向大象，卻看到大象正生氣地跺腳。老虎不解，詢問大象：「你為什麼生氣？」

大象搖晃著大耳朵，厲聲吼道：「有一隻討厭的蚊子，總想鑽進我的耳朵裡，害我好癢！」

老虎見狀，只能默默地離開了大象，心裡暗自想道：「原來體型這麼大的大象，還會怕那麼小的蚊子，那我還有什麼好抱怨的？畢竟雞鳴也不過一天一次，而蚊子卻是時時刻刻騷擾著大象。這樣想來，我可比牠幸運多了。」

是享受生活，還是視生活為苦海？試想一下，昨天的失敗，對今天又有什麼影響？過去的永不再來，今天又是一個嶄新的機會，我們只要好好重新開始，抓住機會，同樣也會取得成功。抱怨只能使人沉溺於過去，給我們帶來負面影響。所以，我們應當好好重新開始。如果你能將每天的生活視為一種學習克服暫時困難的機會，你得勝的機會就會比前一天多。

我們對自己從事的工作，應當抱有一種積極樂觀的態度，學會愉悅地克服工作中的一切難題。這樣，生活中的機會就會自然地來到我們手中。現實生活裡，很多人都存有抱怨的心態，抱怨像一個沉重的包袱，它不但會讓你的情緒變得更加負面與極端，還會傷害他人，毀了你的愛情、友情，還有你的人際關係。

在這個萬花筒般的社會，總有一些人不如意，我們隨處都可以找到時常抱怨的人，抱怨自己的專業不好，抱怨生活條件很差，抱怨沒有一個好父母，抱怨工作不理想、薪資過低，抱怨自己空懷一身絕技卻沒人賞識。其實，現實生活中有太多的不如意，不要抱怨，否則它將成為你人生路上的包袱，不但毫無價值，還會阻礙你前進。細想一下，沒有一種生活是完美的，能讓一個人完全滿意，我們做不到從不抱怨，但我們應該讓自己少一些抱怨，而多一些積極的心態去努力進取。因為如果抱怨成了習慣，就像搬起石頭砸自己的腳，於人無益，於己不利，生活就成了牢籠一般，處處不順，處處不滿；反之，則會明白，生活的本身就是最大的幸福，哪會有那麼多的抱怨呢？

對於處在不如意環境中的人，與其抱怨自己的處境，不如好好地分析一下原因，正確地面對現實，把握自己，充實自己。做到這一步，就是你成功的開始，抱怨只是無謂地浪費光陰，這本身就是一種恥辱，生活也不會因為你的抱怨而垂青於你。

所以，不要對自己目前的逆境存有抱怨，不如放平心態，接受目前的一切，從中去發現解決問題的方法，然後付諸行動。這樣，才有可能改變我們的境遇。

沒有人喜歡抱怨者

沒有人喜歡抱怨者，職場中如此，在家庭生活中也是如此。滿腹牢騷，總是抱怨，只會讓人覺得，你對他們來說不再是可以評判正確與否的標準，因為你總是吹毛求疵，對於他們認為沒有問題的事情也挑三揀四，你的信用也會因此大打折扣。

回想一下，我們在抱怨時，能得到什麼呢？對主管抱怨時，主管覺得像你這樣的員工很小心眼，公司的規定自有其道理，獎金的分配也自有道理，你到處抱怨，是對誰不滿意呢？從此後，一個不好的印象就留在主管的腦海中，一點都沒有好處。沒有好處以外，還有可能因為你一兩句抱怨，在以後的工作中失去更多升職和加薪的機會。對於同事也是如此，你的牢騷只會讓他們認為你這個人一點都不沉穩，稍微有一點不順就會心懷不滿。一個人想方設法讓別人覺得自己有修養還來不及，為什麼要用一兩句毫無作用的牢騷來毀掉自己好不容易才建立起來的良好形象呢？

就好比有某一家公司要裁員，小文和小美都被列在了裁員的名單上。按照公司的規定，被裁員者第二個月必須離開公司。

小文回家後，痛哭了一場，第二天到了公司，還是忿忿不平，她遇見認識的人就抱怨：「我平時在公司負責這麼多工作，憑什麼把我趕走？公司真的是太不公平了。」而且愈到最後，話說得愈難聽，小文甚至意有所指地透露會被裁員是因為背地裡有人說自己的壞話。除此之外，小文還把不滿的情緒都發洩在工作上，負責的工作故意拖延，對文件的處理也毫不用心。

小美和小文的遭遇是相同的，但態度卻完全不一樣。小美雖然心情也很沉重，但畢竟這是自己工作了多年的公司，而且公司待她不薄，所以她沒有向任何人抱怨，她覺得公司這樣做也是不得已。於是她暗下決心，先做好手上的工作，以後再尋找更好的機會。在公司裡，她在工作之餘和同事們表示遺憾，並且及時交接手頭上尚未完成的案子，讓其他人能夠順利地完成。

一個月後，公司卻只通知小文一個人離開，主管的解釋是：「公司準備多留一個人，小美在工作上仍然認真負責，且毫無差錯，所以留下了她。」

抱怨是最沒影響力的語言。遇到困難、心情不好的時候，要看淡一點，靜靜地思考一下面臨困境的原因在哪裡，用什麼方法可以解決。不但自己不抱怨，還要去安慰那些和你一樣遭遇困境的人，因為這時候正是建立良好人際關係的好時機。

在這個世界上，沒有人喜歡抱怨者，相信你也是。

抱怨不能解決任何問題

人往往是在克服困難的過程中產生勇氣，培養堅毅和高尚的品格的。常常抱怨的人，終其一生都不會有真正的成就，因為抱怨無法解決任何問題。

英國哲學家巴特勒說：「抱怨是最嚴重的迫害。」事實上，抱怨除了給我們帶來巨大的傷害外，解決不了任何問題。抱怨只會破壞潛意識的機制。當潛意識收到抱怨的訊息後，便會自行停止工作，推卸自己的責任。有些人認為這個世界不公平，做一點事情就希望立即得到回報，否則便抱怨連連、怨天尤人。實際上因與果有一個時間差，不可能今天播種，明天就能收穫。成功要有一個過程，沒有耐心是缺乏智慧的表現。

抱怨是出賣自己，沒有人願意與經常抱怨的人合作。相反，寬容是人格魅力的最高表現。也許你還在不停地抱怨，抱怨自己的父母、自己的主管，抱怨上蒼為何如此不公，讓你家境清寒，卻賜予他人富足和安逸。

停止抱怨吧，讓煩躁的心情平靜下來。你所抱怨的並不是導致你貧困的原因，根本原因就在你自己身上。你在抱怨時的本身，正說明你不順的處境是咎由自取。喜歡抱怨的人在世上沒有立足之地，煩惱憂愁更是心靈的殺手。

第二次世界大戰時的盟軍將領麥克阿瑟，二十三歲時以優異的成績畢業於軍校。畢業後，他被安排到一個偏遠的礦場負責管理的工作。他認為這項工作索然無味，因而情緒低落，總是抱怨離家太遠。後來主管對他的工作行為及態度進行考察，得出了這樣的結論：「麥克阿瑟中尉在執行任務時，沒有表現出推薦欄之中所列出的優點，他除了相貌英俊之外，所履行的職責均無法令人滿意。」聽聞此事後，麥克阿瑟非常不滿，並當即加以反駁。但是，儘管他言辭犀利，卻沒有轉變別人對他的看法。

那麼，後來麥克阿瑟又是如何成為叱吒風雲的人物的呢？原因是他後來徹底改變了抱怨的缺點。假設他一直我行我素，繼續抱怨，肯定不會有什麼顯赫的功績、輝煌的事業，我們恐怕連麥克阿瑟是誰也不會知曉了。

沒有人會因為壞脾氣和消極負面的心態而獲得獎勵和提升。你會發現，最成功的人往往是那些積極進取、樂於助人、能適時給他人以鼓勵和讚美的人。身居高位之人，往往會鼓勵他人像自己一樣快樂和熱情。但是，有些人依然無法體會這種用意，將訴苦和抱怨視為理所當然。

有一句古老的格言：「如果說不出別人的好話，不如什麼都別說。」這句話在現代社會更顯珍貴。「好話不出門，壞話傳千里」，在我們面前道是非的人，也一定會在他人面前非議我們。一來一往容易滋生是非，影響公司的凝聚力。與其抱怨對公司和主管的不滿，不如努力地欣賞彼此之間的可取之處。這樣一來，你會發現自己的處境也會大大得到改善。

如果你不知道自己需要什麼，就別抱怨主管不給你機會。那些喜歡大聲抱怨自己缺乏機會的人，往往是在為自己的失敗找藉口。成功者不善於也不需要編造藉口，因為他們能對自己的行為和目標負責，也能享受自己努力的成果。

人往往是在克服困難的過程中產生勇氣，培養堅毅和高尚的品格的。常常抱怨的人，終其一生都不會有真正的成就，因為抱怨無法解決任何問題。

你沒有任何理由犯錯

不允許犯錯，這必須成為每個人生活的基本原則。在此基礎上，才可以具體情況具體分析，何時、何地、何人、在何種情況下，什麼錯誤可以發生，什麼錯誤是絕對不能發生的。有了這個保證，才有可能盡量避免問題的發生。避免了問題的發生，自然也就不會有抱怨產生了。

人的潛意識裡都有這樣一個習慣，一旦自己犯了錯，總會找到自認為最合適的理由「都是因為……」好像所有錯誤都在情理之中似的。更有甚者，還理直氣壯地說：「犯錯是在所難免的。」以此來替自己擺脫責任。

若假如有主管自豪地說，他允許公司員工犯錯，並認為這樣做顯得很先進，因而不管什麼場合都拿來宣揚。殊不知，這種做法無異於是在自掘墳墓。

在這個世界上流傳著由來已久的一個古訓：「犯錯可以，但是必須從錯誤中接受教訓。」這也是一個陷阱題，有些錯誤是無法容忍和彌補的，比如有一位護理師用錯了藥劑，將錯誤的藥注射進不符合病徵的患者體內，因而置病人於死地，這也能從錯誤中學習和改正嗎？這種學習對死去的患者來說是無濟於事的。當然你也可以反駁，關鍵的問題是，只需要工作的時候細心點就能避免災難的事情，你還能總結出什麼？你也許會駁斥說，哪有不犯錯的人？

我們不否認，錯誤會發生，再完善的管理也會出現錯誤。但是，如果認為因此就應該允許犯錯，而且引以為榮，那就很危險。絕對不能犯錯，這也是我們應該在管理中遵循的信條，同時作為一個原則，這是我們的行動基礎。

只有當這個原則被接受時，才有可能具體問題具體分析。例如，當公司在開展一些試驗性工作時，有可能出現錯誤。但是，這與上文提到的「允許犯錯」的概念毫無關係。實驗是在有所控制的條件下進行的，因此，實驗階段出現的錯誤不會導致嚴重的後果。同樣，如果員工是新人，正在接受培訓和熟悉的階段，我們應該容許他們犯錯。在實際工作中，需要有人監督和指導，直到確認他們不會犯錯了，才可以放手。這就是培訓的意義所在。

不允許犯錯，這必須成為基本原則。在此基礎上，才可以具體情況具體分析，何時、何地、何人、在何種情況下，什麼錯誤可以發生，什麼錯誤是絕對不能發生的。有了這個保證，才有可能盡量避免問題的發生。避免了問題的發生，自然也就不會有抱怨產生了。

所以，一旦我們犯了錯誤，不要以任何理由去抱怨和辯解，我們必須去承擔因為自己的錯誤而造成的責任。

解決問題，而不是責怪他人

責怪他人是人的天性，但是，這一天性對我們有百害而無一益。一個有責任感的人，總是專注於解決問題，而並不是急於責怪他人。遇到問題，責怪他人絕不是什麼好事，它不會為你帶來多少正面的效益。唯有解決問題，才是出路。

一位作家說：「我們絕不可以把自己製造出來的事情的責任推給他人，埋怨他人，我們應該知道——如果有錯，錯在我們自己。」

在國外，有這樣一句俗語：「無能的水手責怪風向，無能的工匠責怪工具。」事實上，在我們的工作中，我們無不是這樣，遇到問題時，不是在第一時間想辦法解決問題，而是責怪同事、責怪下屬、責怪合作方等等。

例如有一名公司的總經理，在某一天生氣地問道：「這件事是由誰負責的？」這個問題使一家化學公司的會議室籠罩著一團烏雲。這家公司剛失去一個大客戶，而搶走這位客戶的人是這名總經理的前雇主。他對這件事感到十分氣憤，在場的主管都顯得坐立不安。這位總經理繼續說：「我要找出搞砸這件事的人，等我找到這個人，我會讓他難堪。」後來當這些主管離開會議室時，有人說：「我想我們今天晚上都要準備履歷表了。」

這位總經理急欲找出使公司喪失大客戶的罪魁禍首，然後把過錯完全推到他們身上，但這麼做只會適得其反，因為他的部屬在接下來的幾天只會忙著互相推卸責任，而不會想辦法找回這位客戶。如果這位總經理將失敗當作學習經驗，並趁此機會找出公司需要改善的地方，那麼下屬就有可能從失敗中學到一些經驗。

又或者威廉是一家製造公司的銷售部主管。在任職期間，有一家客戶不肯付款，而威廉根據側面消息得知這家公司即將向法院申請倒閉。在與幾位主管討論過後，威廉決定在這家公司宣布倒閉前向他們要回一些屬自己公司的貨物。而這位客戶的一名員工負責管理倉庫，他同意將他們主管沒有付款的貨物還給威廉的公司。

每件事都非常順利地進行，他請人從倉庫搬回價值五萬美元的貨物。當時威廉很慶幸能為公司減少損失，但不幸的是，威廉並不知道這些貨物已經被這位客戶抵押給銀行，因此他們不但要把這些貨品還回去，而且要負擔因此事而起的官司訴訟。

在威廉準備將這件事情告訴公司主管的前一天晚上，他寫好了履歷表，隨時準備離開。但出乎威廉意料之外的是，當主管聽完之後，什麼話都沒說，甚至當威廉告訴主管公司可能遭受的損失時，他連眼皮都沒有眨一下，接著說：「好了，這件事就到此為止，現在去做些能讓公司賺錢的事。」

主管的話給了威廉很大的動力，使他在接下來的六個月為公司付出最大的努力，結果這家公司在當年創下歷年來最高的營業額。這位主管很高明，他深深地明白，責怪部屬毫無益處，與其把焦點放在公司損失了多少錢上，不如把注意力放在替下屬建立信心和為公司贏得未來上。

不責怪做錯事的人是很困難的一件事，但成熟且有遠見的人會以解決問題為重。指責本身所造成的傷害遠比問題本身的傷害大，因為責備會使人士氣低落，有百害而無一利。因此，作為一個智者，遇到問題時要做的是想辦法解決問題，而不是去責怪他人。

不要抱怨自己的出身

腳踏實地是出人頭地的一個前提條件，在職場上輾轉十幾年的人，都是經過辛苦工作才有今天這樣的位置的。所以，初入社會的年輕人更應該腳踏實地、從頭開始，不要顧慮或者害怕自己被埋沒。從基層做起，正是對整個行業作全面了解，對以後的成功奠定堅實的基礎。

別抱怨自己平凡的起點，那不是你一生平庸的理由，也不是你沒有出類拔萃的藉口。很多人空有一身才華，卻埋沒在公司的最底層，做著枯燥而繁重的工作。原因在於他們老是抱怨自己的起點不如他人。殊不知，在那些成功人士裡，很多富豪、商界菁英，他們的出身同樣卑微，有些甚至遠不如你的出身好，在他們剛剛走上工作崗位的時候，從事的工作可能比你所做的工作更無聊，更乏味，更沒有意義。但是，他們從來不氣餒，而是堅守信念，認真做好手頭的工作，然後靠著自己的積累努力打拚，最後才獲得了成功。

例如日本知名企業家松下幸之助，原本出身貧寒，年輕時到一家電器工廠求職。人事主管看他的身形弱不禁風，感到不太滿意，就隨口推辭說：「我們現在暫時不缺人，你一個月以後再來看看吧。」

一個月後，松下真的來了。主管又一次推辭道：「我這幾天有事，你過些日子再來吧。」隔了幾天，松下又來了，如此來回好幾次。主管只好表明自己的態度：「你這樣的穿著不能進我們的工廠。」松下聽他這麼說，便立刻回家準備一身整齊的衣服。當衣著整齊的松下再次站在主管面前時，主管又推辭道：「關於電器方面的知識，你知道得太少，我們不能聘用你。」

不料兩個月後，松下又來找這位人事主管，他說：「我已經學了不少電器方面的知識，您看我哪方面還不足，我一項項來彌補。」主管終於被松下的耐心和勇於改進自己

的態度所打動，留下他做了一名正式的工廠工人。而松下從一名普通的電器工人做起，透過自己的努力，終於成為了舉世聞名的企業家。

我們是否因懷才不遇而感嘆？是否也在埋怨社會上的種種不公？你是否埋怨付出同樣的辛苦，卻得不到領導的賞識？不要被這些埋怨腐蝕掉我們奮勇前進的激情，與其抱怨，不如重新審視自己，學著改變自己，然後再謀求更大的發展。

其實，即便是那些有著顯赫背景的人，他們的家長也不是天生就有背景，同樣靠著自己的辛苦才有了輝煌亮眼的成績。既然我們出生在普通的家庭，父母未能給予我們堅強的職場後臺，那麼我們自己為什麼不能改變現狀呢？如果你也想成為一把保護傘，那麼就把這個機會留給自己的子女，這也是一種奮鬥目標吧！

抱怨問題不如主動解決問題

當上司將重任交付給你時，請別抱怨，因為抱怨問題不如解決問題。要用你的毅力去排除任何障礙，去克服任何挫折，去實現自己的夢想。你要記住，任何人都是自己的編劇和導演，你如果想要演好人生這齣戲，你的態度將決定表演的好壞。

抱怨問題，不如主動解決問題。在這個競爭異常激烈的社會，只有積極主動，克服

萬難，完成任務，你才能獲得成功。現在市場的競爭，也就是人才的競爭，大浪淘沙，如果自己不知道努力改變現狀，而只知道一味抱怨，最終只有可能被拋棄。任何企業、任何主管都喜歡對工作不抱怨、自動自發、努力解決問題的員工。任何主管，都需要那些主動尋找任務、主動完成任務、主動創造財富的員工。

就好比某位男子來到某集團擔任主管助理時，注意到公司的制度政策和業務手冊內容並不全面，其中只包括了公司日常業務範圍的少部分。

為了使之更具體、更全面，這位男子花了大量時間收集資料，最終編寫了一本簡明實用的業務手冊，供公司的工作人員作為日常業務的操作指導書。後來，集團所有分公司都採用了男子編寫的業務手冊。從那以後，管理層為這位男子提供了更多的富有挑戰性的工作，不久便獲得了晉升。

男子面對不完善的指導手冊，並沒有抱怨，而是透過自己的行動，最終讓指導手冊更為完美，替公司解決了難題，也為自己贏來了機會。

是的，身為社會人士，我們每個人都應該像安德魯那樣，自動自發地去完善自己的工作，主動工作。所謂主動，指的是隨時準備把握機會，展現超乎工作要求的工作表現，以及擁有「為了完成任務，必要時不惜打破成規」的智慧和判斷力。

例如有一位男子叫湯姆斯，他任職於某廣告公司，公司裡有不少資深人士，可謂是人才濟濟，他在這裡也並沒有特殊的優勢。但是湯姆斯對工作很認真，不僅能像其他同事那樣把主管交代的工作準時完成並保持品質，還會主動處理或學習工作之外的事。

有一天，主管下班時見到湯姆斯位置上的燈還亮著，便走了過去。正在修改文件的湯姆斯連忙站了起來，和主管打了一個招呼。主管很欣賞湯姆斯的這種精神，便坐下和他聊了起來。話題轉到工作上，湯姆斯談到了內容製作以及經營等方面的想法，其中不乏對當前工作的建議。

湯姆斯順利引起了主管的注意，於是主管開始時不時找湯姆斯聊工作的話題。雖說員工中不乏人才，可在做完自己的工作之餘還這麼關心公司發展的卻很少見。漸漸地，主管對湯姆斯另眼相看，覺得湯姆斯會是一個得力的助手。經過一段時間的考察後，主管最終任命湯姆斯為自己的助理。

人在職場，要想有所成績，絕不能僅僅以「做好本分」為自己的職場宗旨，我們更應該做到愛崗敬業，尊重自己的工作，也對自己和公司負責任。

第七章　多一分感恩，多一分精彩

感恩是一種處世哲學，是生活中的大智慧。人生在世，不可能一帆風順，種種失敗、無奈都需要我們勇敢地面對、處理。英國作家薩克萊說：「生活就是一面鏡子，你笑，它也笑；你哭，它也哭。」你對生活感恩，生活將賜予你燦爛的陽光；你不感恩，只知一味地怨天尤人，最終可能一無所有！

學會感恩，停止抱怨

學會感恩，就是對身邊人做的一切為你好的事情，不管有意無意，都應記在心上。不抱怨，就是不論別人做了什麼，不管生活怎麼改變，隨口說幾句就罷了，千萬別讓抱怨成為心裡的結。

「……當我們很少欣賞他們的時候，我們就很少感激他們；當我們不再感激他們的時候，我們就開始抱怨他們。」不要因為我們內在的缺失，就學會厭倦外面的精彩；不要因為我們缺少了珍惜與欣賞，就讓我們學會了抱怨而忘記了感恩。我們經常為失去的東西而感嘆，但往往會忘記為我們所擁有的東西而感恩。人們在追求完美的過程中，會花不少時間來抱怨人生的種種不如意，假如你能用這些時間來感恩，就會發現生活原來可以更加美好，你也能像那些幸福的人一樣，擁有更多的快樂。

因此，別再抱怨上天的不公，它對待我們每個人都是一樣的。別再抱怨人生的道路太曲折，如果不是因為這些曲折，你怎會有現在的堅強意志？也別再抱怨自己的命運太苦，你知道命運是由誰主宰嗎？命運其實就掌握在自己的手中。別再抱怨生活太無奈，如果不是生活，你又怎麼知道酸甜苦辣，怎麼知道自己生活中那多彩的一幕幕？別再抱怨那些不如意的事，只要你敞開心扉，從另一個角度去思索，就會發現上天是公平的，人生的道路是通暢的，自己的命運也不是最苦的，生活也是精彩的……

換一個角度去思考，就是停止抱怨，學會感恩。感恩，不僅僅是一個微笑、一次關懷、一種回報，更是一種積極的工作態度、生活態度和更真、更寬敞的為人之道。

感恩父母，感謝他們賜予你生命，將你養育成人；感恩師長，感謝他們讓你學習發展智慧、懂得思考；感恩朋友，無私的友情豐富自己的生活；感恩社會，為你的精采才能提供舞臺。

時時懷著一顆感恩的心，不光可以去除心中抱怨的種子，更可以讓自己的事業、生活甚至生命變得更加溫馨、快樂和充滿動力。學會去改變自己，從放棄抱怨，學習寬恕，嘗試感恩，到開始尋找快樂，進而掌控自己的生命走向，你會發現一切都是那麼的美好！

學會感恩，你就會發現這個世界是如此美好，你的人生是如此精彩！

帶著感恩的心生活

對於生活，心存感恩，你就不會有太多的抱怨，世上沒有十全十美的事物。比抱怨更重要的是自己為改變這一切做了哪些努力。感恩之心足以稀釋我們心中的狹隘和蠻橫，還可以幫助我們度過最大的痛苦和災難。

成功時，固然能找到許多感恩的理由；失敗時，不感恩的藉口卻只需一個。殊不知，失敗或不幸時更應該感恩生活。感恩，使我們在失敗時看到差距，在不幸時得到慰藉、獲得溫暖，激發我們挑戰困難的勇氣，進而獲取前進的動力。換一種角度去看待人生的失意與不幸，對生活時時懷有一份感恩的心情，就能使自己永遠保持健康的心態、完美的人格和進取的信念。感恩不純粹是一種心理安慰，也不是對現實的逃避。感恩，是一種歌唱生活的方式，它來自對生活的熱愛與希望。

感恩是一種回報。我們從母親的子宮裡走出，將我們撫養長大。更偉大的是母親從不希望得到什麼，就像太陽每天都會把它的溫暖給予我們，從不要求回報。但是我們必須明白「感恩」。

感恩是一種欽佩。這種欽佩應該是從我們生命與靈魂裡，傾瀉而出的一種欽佩。

感恩之心，就是對世間所有人所有事物給予自己的幫助表示感激，銘記在心；感恩之心，就是我們每個人生活中不可或缺的陽光雨露，一刻也不能少。無論你是何等的尊貴，或是怎樣的卑微；無論你生活在何地何處，或是你有著怎樣特別的生活經歷，只要你常常懷著一顆感恩的心，隨之而來的，就必然是諸如溫暖、自信、堅定、善良等這些美好的處世品格。自然而然地，你的生活中便有了一處處動人的風景。

感恩是一種對恩惠心存感激的表示，是每一位不忘他人恩情的人，縈繞於心頭上的情感。學會感恩，是為了擦亮佈滿塵埃的心靈而不致麻木；學會感恩，是為了將無以為報的點滴付出永銘於心。

感恩是一種生活態度，是一種品德，是一片肺腑之言。如果人與人之間缺乏感恩之心，必然會導致人際關係的冷淡，所以，每個人都應該學會感恩。

感恩是一個人與生俱來的本性，是人的良知，也是現代社會成功人士健康性格的表現，一個連感恩都不知曉的人，必定有一顆冷酷絕情的心。在人生的道路上，隨時都會產生令人動容的感恩之事。日常生活中、工作中、學習中所遇之事和人，給予的點點滴滴的關心與幫助，都值得我們用心去銘記，銘記那無私的人性之美和不圖回報的惠助之恩。感恩不僅僅是為了報恩，因為有些恩澤是我們無法回報的，有些恩情更不是等量回報就能一筆還清的，唯有用純真的心靈去感動去銘記，才能真正對得起給你恩惠的人。

感恩是尊重的基礎。在道德價值觀中，原點是「我」，我與他人，我與社會，我與自然，一切的關係都是由主體「我」而出發。尊重是以自尊為起點，尊重他人、社會、自然、知識，在自己與他人、社會相互尊重以及對自然和諧共處中追求生命的意義，展現、發展自己的獨立人格。感恩是一切良好非智力因素的精神，感恩是學會做人的轉捩點。感恩讓世界這樣多彩，感恩讓我們如此美麗！

因此，感恩，是一條人生基本的準則，是一種人生質量的體現，是一切生命美好的基礎。感恩是生活中的大智慧，能使我們感受到大自然的美妙和生活的美好，能保持我們的積極、健康、陽光的良好心態。懷有感恩之情，對別人、對環境就會少一分挑剔，多一分欣賞和感激。感恩，是一種美好的情感，是事業上的原動力和內驅力，是人的高貴之所在。常懷感恩之心，我們便能夠生活在一個感恩的世界，這個世界一定是非常美好的，我們的人生也會變得更加美好。

幸福就是珍惜你所擁有的

事實上，幸福不是去追求你所想要的，而是珍惜你現在所擁有的。如果你還在為沒有鞋可以穿而抱怨、煩惱，想想那些沒有雙腿的人吧。

這個世界有兩種人，一種人為了滿足自己的物欲拚命地獲取，當一個物欲得到滿足的時候，另一個物欲又萌生，於是，這樣的人始終在收穫物欲的道路上，他們認為，所謂幸福就是滿足自己的物欲。另一種人，他們滿足於自己所擁有的，珍惜所擁有的，他們活在當下。

人生有兩個目標，第一是享受擁有的每一種東西；第二是得到想要的東西，盡力去爭取。更多的人屬第二種人，他們知道如何爭取，卻忘記了珍惜、體會和享受已經擁有的。

舉例來說，有一天中午，一個小女孩坐在公園的長椅上哭泣。「可愛的孩子，你為什麼哭呢？」一位中年男子走過來問她。「我沒有鞋穿，在冬天我可能會被凍死。」小女孩近乎絕望地大哭起來。「冬天就要來了，夏天不穿鞋很涼快，秋天不穿鞋尚且可以忍受，可是冬天沒有鞋怎麼辦呢？」「孩子，你會得到保佑的，因為在這之前，上帝正忙著照顧那些沒有腳的人。」聽聞此話，小女孩停止了哭泣，因為她一抬頭，便看到眼前的人正坐在輪椅上。

其實，人世間很多煩惱都是因為欲望而起，欲望使我們無法珍惜現在所擁有的，卻一味追求我們所沒有的，最終弄得自己疲憊不堪。

還有人把他們擁有的和追求到的東西和別人比較，因而陷入「比上不足」的自卑、嫉妒和不平。他們不曾認真體會自己擁有的幸福——抱怨父母不理解自己，卻不知道慶幸父母健在；不滿孩子頑劣、不爭氣，卻不知道為健康活潑的孩子而驕傲；總覺得自己的愛人不夠好，卻很少去想，有這麼一個人把一生的幸福交給自己是一種怎樣的信任。

有些人認為，幸福是那些還沒有到來的車子、房子和另一半，也為此身心疲憊地去拚命，似乎永無止境。他們眼中只有那些所謂的幸福，看不見自己已經擁有的一切，更不用說去享受那一切。然而，事實是，幸福不是去追求還想要的，而是珍惜現在所擁有的。

真正對幸福敏感的人擅長保存——他們不計算已經失去的東西，而是珍惜現在擁有的東西。

學會惜福是一種睿智

我們應該明白一個道理：學會珍惜，學會辯證地看問題是很重要的。很多時候，我們看到的，我們羨慕的，都是別人表面上的生活，卻沒有看到這些風光背後的辛酸和苦澀。

知足常樂，不為生活艱辛而抱怨，珍惜現在所擁有的，懂得惜福，也是一種睿智。有位哲人曾說：「不要迷失了你的眼睛，珍惜你現在所擁有的生活是最重要的。」的確如此。羨慕別人的生活毫無意義，因為你看到的別人的幸福生活並不一定是你想像的那樣，或許他們也正在羨慕你的生活。所以，不要在不屬於你的門前徘徊，要知道，你目前的生活才是最適合你的。

就好比一匹孤狼在路上獨自行走，牠已經好幾天沒有吃東西了。就在牠沿途尋找食物的時候，遇到了一隻狗，這隻狗毛色發亮，強壯而有精神。

狼因為幾天沒進食，因而滿肚的忿忿不平，牠很想衝上去和這隻狗打架，把牠撕成碎片。可是狼知道自己一點力氣都沒有，如果強行鬥爭，最終吃虧的只會是自己。

於是，狼換作一副和藹可親的樣子走上前去，和狗攀談起來。牠誇讚狗長得很有福相。狗得意地回答道：「其實你也可以和我一樣的，這取決於你自己，只要你離開樹林，到人類的家裡去工作，你就會過上像我一樣的生活。看看你的那些同類，牠們在樹林裡生活得多像乞丐呀！牠們一無所有，得不到免費的食物，一切都得靠自己去爭取。你和我走好了，你會發現你的命運從此將改變。」狼問道：「那我需要做什麼呢？」狗說：「很簡單，只要你趕走主人不喜歡的人，用心照顧家裡的成員，討主人的歡心就可以了。這樣你就可以得到各種剩菜剩飯，還有很多美味的骨頭。」

狼聽到這些，覺得狗的生活簡直太幸福了，於是牠決定跟著狗回家。然而在半路上，狼忽然注意到狗的脖子上少了一些毛，牠問道：「這是怎麼回事？」

狗平淡地回答道：「哦，沒什麼，只不過是拴我的項圈磨掉了我的毛而已。」

狼停住了：「你要被拴著是嗎？也就是說你不能自由地跑來跑去？」

「是的，但這沒什麼。」狗回答道。

「這有關係！我寧可不要你所說的那些美味佳餚，也不願意用我的自由交換。」狼說完，頭也不回地跑掉了。

生活中，有很多人就像故事中的狼一樣，總是抱怨外界因素對自身命運的影響，而往往忽視了自己正被幸福所包圍。狗之所以比狼生活得更加無憂無慮，那是拿付出自由為代價換來的。狼雖然命運多舛，但牠擁有自由。

擁有自由也是一種幸福。幸福，原本就是很虛幻的東西。很難說清到底什麼才值得我們去珍惜。然而它雖然虛幻，卻並非可望不可及。幸福，就是這麼平平常常、簡簡單單，融合在生活中的每一個細節中。試想，「空中花園」是一種幸福，然而自己家中的花草不也是「別有一番幸福在心頭」嗎？

多少人為了幸福苦苦追尋，卻常常感嘆「幸福太遙遠」。不經意間，你會發現，其實幸福時刻圍繞在我們身邊。我們應該明白一個道理，學會珍惜，學會認真地看待問題是很重要的。很多時候，我們看到的和我們羨慕的，都是別人表面上的生活，卻沒有看到這些風光背後的辛酸和苦澀。

所以，請不要再抱怨你的薪水過低，不要再抱怨你的另一半不會賺錢，不要再羨慕別人的豪車，不要再羨慕富豪們能過上揮金如土的日子，因為你不用付出像他們一樣的代價，而你目前所擁有的平凡生活卻正是他們求之不得的。

總之，學會惜福，珍惜並享受自己所擁有的，也是一種睿智。

感恩是根治抱怨的良藥

永遠懷著感恩的心是一種人生態度，它是根治抱怨和牢騷滿腹的良藥，也是決定你能否成功的關鍵。

在我們的周圍，隨處都可見到「抱怨族」。他們每天輪流把槍口指向除自己之外的所有人，他們抱怨這個，批評那個，而且，從上到下，從裡到外，很少有人能倖免。他們的眼中看到的處處是毛病與癥結點，時時都能看到或聽到他們的批評和怒氣。

在公司，你總能聽到，或者自己也這樣說：「我到公司這麼多年了，按理說，沒有功勞也有苦勞，為什麼一直升不上去？一定是主管看我不順眼！」、「你別看某某外表老實，其實也不是什麼好東西，最喜歡在背地裡暗算別人，專打小報告，卻偏得主管的喜歡。」當抱怨成為你的一種習慣時，這種惡習的力量足以摧毀你的前程！

一九七二年，新加坡旅遊局寫了一份報告寄給李光耀，大意是說：「新加坡不像埃及有金字塔，不像日本有富士山，不像夏威夷有無數的海浪，我們除了一年四季直射的陽光，什麼名勝古跡都沒有，要發展旅遊事業，實在是巧婦難為無米之炊。」

李光耀看完報告，非常氣憤。據說，他在報告上批了這麼一行字：「你想讓上帝給我們多少東西？陽光，有陽光就夠了！」

後來，新加坡利用一年四季直射的陽光，種花植草，在很短的時間裡發展成為世界上著名的「花園城市」，旅遊收入連續多年列亞洲第三位。

相比於旅遊局員工只知道抱怨的心態，李光耀更懂得感恩，因為懂得感恩，才能利用上天賜予的條件為新加坡迎來「花園城市」的美譽。試想，旅遊局相關高層的仕途之路恐怕只會越走越狹窄，因為沒有哪位主管會對只知道一味抱怨的人產生什麼好感。一個不懂得感恩的人，又怎麼可能辦好事情呢？唯有懂得感恩，才可能替自己開拓寬廣的人生。

就好比有位基層員工名叫李婕，在談到她破例派往國外公司考察時說：「我和另一個同事雖然同樣都是研究生畢業，但我們的待遇並不相同，他高我一等，薪水高出很多。慶幸的是，我沒有因為待遇不如人就心生不滿，而是認真做事。」

「當許多人抱著多做多錯、少做少錯、不做不錯的心態時，我盡心盡力做好每一項工作。我甚至會積極主動地找事做，了解主管有什麼需要協助的地方，事先幫主管做好準備。因為在我上班報到的前夕，父親告誡我三句話：『遇到一位好主管，要忠心為他工作。假設第一份工作就有很好的薪水，那你的運氣很好，要感恩惜福；萬一薪水不理想，就要懂得跟在主管的身邊學功夫。』我將這三句話牢牢地記在心裡，自己始終堅持這個做事原則。即使起初位居他人之下，我也沒有計較。但一個人的努力，別人是會看在眼裡、記在心上的。在後來挑選出國考察學習人員時，我是唯一一個資歷淺、級別低的辦事員，這在公司裡是極為罕見的現象。」

是的，與其抱怨，不如懷著一顆感恩的心去完成工作。如果你每天懷抱著一顆感恩的心去工作，在工作中始終牢記「擁有一份工作，就要懂得感恩」的道理，你一定會成為出類拔萃的員工。

永遠懷著感恩的心是一種人生態度，是根治抱怨和牢騷滿腹的良藥，也是決定你能否成功的關鍵。

感恩就是不抱怨

感恩就是不抱怨，心存感恩的人永遠不會抱怨。生活中充滿了不如意，所以我們習慣了抱怨：抱怨命運不公，抱怨生不逢時，抱怨造化弄人，抱怨人微言輕，抱怨薪水過低……但在抱怨中，我們卻對擁有的幸福熟視無睹、不懂珍惜，並且放大缺憾；在抱怨中，患得患失、斤斤計較，因此，把感恩的心態愈拋愈遠。

我們在學生時代經常抱怨作業太多、老師太嚴格、壓力太大，特別是每逢考試時，更是抱怨不斷。當我們進入職場，我們又開始想著「我應該得到什麼」，抱怨企業或主管「沒有給我應得的讚賞」，或是「我那麼賣命才給那麼點薪水」，卻沒有自問：「為了得到希望從事的崗位，我還缺乏什麼？可能要付出什麼？做得夠不夠？」

抱怨別人者最大的特點是總喜歡將責任推到別人身上，看不到自己的缺陷和不足，於是抱怨成了不負責任和不夠忠誠的藉口。這樣下去，他們在抱怨中會喪失許許多多的機會，落在別人的後面。

如果你將每一件不如意的事情都情緒化，壞運氣就會滲透到你人生的每一個角落，因此，你離成功就會越來越遠。就好比主管找你談話，你回到辦公室非常不開心，於是拉了個同事開始抱怨上司對你有多麼不好。回到家，你又把今天遇到的煩心事告訴你身邊的每位親人，而且是不停地說。

上班的第一天，你就洞察到辦公室裡人心叵測、各懷鬼胎，似乎每個人都在對你下馬威。回到家，你就開始跟家人訴說「無能」的同事又加薪了，而你卻只能等下次了。

你在逛商店時看上一條連衣裙，可穿上後並不是那麼理想，依依不捨地脫下，你抱怨自己腰太粗、腿太短，膚色也不好；你最近每天都在跟別人說這個城市的空氣越來越差，再這樣下去，你會少活好幾年；你最近在看一本暢銷書，但是你覺得它寫得很普通，封面也難看，價格昂貴，買了多虧；你覺得你的朋友的食量像貨車一樣多，卻絲毫不胖，而你只要看一眼巧克力就會變胖。

當遇到問題或經受挫折的時候，你把你的注意力全都放在了抱怨上，你雖然能在短時間內有所發洩，但是你不知道它的後果。大多數人都覺得抱怨是很好的發洩工具，可以在受到挫折或面臨困難的時候放鬆自己的心情，然而往往忽略了這種情緒對自己的嚴重影響。

你有這麼多可抱怨的東西，你哭訴著自己的不幸，可是你這個抱怨者難道就不知道很多抱怨都是你自己一手造成的嗎？你的工作沒做好，主管自然會找你麻煩；你不減肥，自然沒有適合你的衣服；你不注意天氣預報，被雨淋濕的機率自然提升。所以，你抱怨的時候不從自己身上找原因，養成習慣之後，你就再也不願意從自己身上找原因，你的人生就不會有什麼快樂了。

因為習慣抱怨，你會變得非常軟弱，會經常思考那些被你抱怨的事情，情緒也會變得低迷，別說做一番事業出來，就連最基本的生活都會讓你感到厭倦。

對於愛抱怨者，不妨看看海倫・凱勒《假如給我三天光明》這本書，希望你能從中明白這樣一個道理：生命需要懂得感恩。

感恩就是不抱怨，心存感恩的人永遠不會抱怨。

多一分感恩，少一分抱怨

常懷感恩之心，我們就可以逐漸原諒那些曾和你結怨甚至觸及你心靈痛處的人，會使我們已有的人生資源變得更加豐厚，使我們的心胸變得更加寬闊。

感恩是積極向上的思考和謙卑的態度，它是自動性的行為。當一個人懂得感恩時，便會將感恩化做一種充滿愛意的行動，實踐於生活中。一顆感恩的心，就是一個和平的種子，因為感恩不是簡單的報恩，它是一種責任、自立、自尊和追求一種陽光人生的精神境界！感恩是一種處世哲學，感恩是一種生活智慧，感恩更是學會做人、成就陽光人生的支點。

常懷感恩之心，我們就可以逐漸原諒那些曾和你結怨甚至觸及你心靈痛處的人，會使我們已有的人生資源變得更加豐厚，使我們的心胸變得更加寬闊。

感恩是一切生命美好的基礎。感恩是生活中的大智慧，能使我們感受到生活的美好，能保持我們的積極、健康、陽光的良好心態。懷有感恩之情，對別人、對環境就會少一分抱怨和挑剔，多一分欣賞和感激。

感恩，是一種美好的情感，是事業上的原動力和內驅力，是人的高貴之所在。感恩將使你的心和你所企盼的事物聯繫得更緊，感恩將使你對生活、對一切美好事物持有堅定的信念，從而一生被美好的事物包圍。常懷感恩之心，我們便能夠生活在一個感恩的世界，這個世界一定是美好的，我們的人生也會變得更加美好。

從一個人成長的角度來看，心理學家普遍認同這樣一個規律，心改變了，態度就跟著改變；態度改變了，習慣就跟著改變；習慣改變了，性格就跟著改變；性格改變了，人生就跟著改變。願感恩的心改變我們的態度，願誠懇的態度帶動我們的習慣，願良好的習慣昇華我們的性格，願健康的性格收穫我們美麗的人生！

為小事感恩，為生命喝采

感恩無小事，為小事感恩。別人對我們的幫助，我們一定要謹記在心，懂得感激。因為別人的幫助不是「理所當然」的，世界上沒有誰對你的幫助是理所當然的。這點點滴滴的都是人情，不但要心存感激，還要用同樣的愛心去關懷別人。

每個人都應該明白，生命的整體是相互依存的，每一樣東西都依賴於其他的東西。父母的養育、師長的教誨、伴侶的關愛、朋友的幫助、大自然的慷慨賜予……人自從出生起，便沉浸在恩惠的海洋裡。一個人真正明白了這個道理，就會懂得感恩，就會覺得自己能活在這個世界上是多麼的美好與幸福。

俗話說：「滴水之恩，當湧泉相報。」感恩無小事，為小事感恩。別人對我們的幫助，我們一定要謹記在心，懂得感激。因為別人的幫助不是理所當然，世界上沒有誰的幫助是理所當然的。點點滴滴都是人情，不但要心存感激，還要用同樣的愛心去關懷別人。

對於我們的敵人，我們也要不忘感恩。因為真正促進我們的成功與進步，使我們變得機智勇敢、豁達大度的，不是優越和順境，而是那些常常可以置我們於死地的打擊和挫折。挪威著名的劇作家易卜生就把自己的敵人，瑞典劇作家史特林堡的畫像放在桌子

上，一邊寫作，一邊看著畫像，從而激勵自己。易卜生說：「他是我的敵人，但我不去傷害他，把他放在桌子上，讓他看著我寫作。」據說，易卜生在「敵人」的注視下，完成了《培爾．金特》、《社會支柱》、《玩偶之家》等世界戲劇文化中的經典之作。

然而普通人總是抱怨，抱怨生活中的一切，抱怨不公平的待遇、不如意的愛情。其實，學會用感恩的心看待周圍的一切，你就會有另外一種心情，就如同易卜生一樣。你要知道，抱怨與感恩是背道而馳的，抱怨與敬業也常常水火不容。當你抱怨你的妻子煮的飯不好吃，便表示你沒有以愛去接受你妻子的過失；當你抱怨工作太多太累的時候，便表示你沒有對公司給你提供的機會和薪水感恩。

看看我們周圍那些「今天工作不努力，明天努力找工作」只知抱怨而不努力工作的人吧，他們從不懂得珍惜自己的工作機會，更沒有對他們的工作心存感恩。他們不懂得，豐厚的物質報酬是建立在認真工作的基礎上的；他們更不懂得，即使薪水微薄，也可以充分利用工作的機會提高自己的技能。他們在日復一日的抱怨中蹉跎歲月，而技能卻沒有絲毫長進。最可悲的是，抱怨者始終沒有認識到這樣一個殘酷的事實：在競爭日趨激烈的今天，工作機會來之不易。

不懂得感恩、不珍惜工作機會、不努力工作而只知抱怨的人，不管他們學歷有多高，也總是會排在被解僱名單的最前面。唯有懂得為小事感恩，為生命喝采的人，才可能收穫幸福人生。

懂得感恩，生活才會更美好

懂得感恩是獲得幸福的源泉。在生活中，如果我們每個人都不忘感恩，人與人之間的關係就會變得更加和諧，更加親切。我們自身也會因為這種感恩心理的存在而變得更加健康、愉快！

懂得感恩，是獲得幸福的源泉。懂得感恩，你會發現原來自己周圍的一切都是那樣的美好。一個人，如果常懷一顆感恩的心，那麼就會感覺到什麼叫幸福，並隨時能品嘗到幸福的滋味，也會更加珍惜生活中的一切。只有心存感激，才會意識到處處有歡樂。

傳說，有個寺院的住持給寺院立下一個特別的規矩。每到年底，寺裡的和尚都要對住持說兩個字。第一年年底，住持問新和尚心裡最想說什麼，新和尚說：「床硬。」第二年年底，住持又問新和尚心裡最想說什麼，新和尚說：「食劣。」第三年年底，新和尚沒等住持提問，就說：「告辭。」住持望著新和尚的背影自言自語地說：「心中有魔，難成正果。可惜！可惜！」

住持所說的「魔」，就是新和尚心裡沒完沒了的抱怨。這個新和尚只考慮到自己要什麼，卻從來沒有想過別人給過他什麼。像新和尚這種不懂得感恩的人在現實生活中有很多，他們對一切事物都不滿意，總覺得社會虧待了他們，總覺得自己應該得到更多，卻從來不想一想他們自己為社會、為別人付出了多少。哲人說過：「世界上最大的悲劇和不幸就是一個人大言不慚地說『沒人給過我任何東西』。」

一個不知感恩的人，是永不會滿足的人，也是一個不懂得珍惜現在所擁有的人。他們整天只會怨天尤人，心中充滿嫉妒，總以為別人的成果與成功是靠運氣得來的。他們整天被怨恨的情緒所啃噬，搞得自己痛苦不堪。

兩個行走在沙漠中的旅人，已經行走多日了。在他們口渴難忍的時候，碰見了一個騎駱駝的老人，老人給了他們每人半碗水。兩個人面對同樣的半碗水，一個抱怨水太少，不足以消解他的口渴，抱怨之下竟將半碗水潑掉了；另一個也知道這半碗水不能完全解除自己的口渴，但他卻擁有一種發自心底的感恩，懂得珍惜這來之不易的水，並且懷著感恩的心情喝下了這半碗水。結果，前者因為拒絕這半碗水死在了沙漠之中，後者因為喝了這半碗水，終於走出了沙漠。

不同的態度，出現了不同的結果。有些時候，我們表面上看似失去了寶貴的東西，實際上我們不是失去，而是得到了更多。你是否也曾經為自己失去的而抱怨，甚至感慨命運的不公？是否也無法冷靜地對待險境，當危險來臨時驚慌失措？其實大可不必，也許我們正是因為失去才得到更多，也正是因為坦然從容才擺脫了危險。

因此，你應該常懷一顆感恩的心。這樣，你將會發現原來自己周圍的一切都是那樣的美好。畢竟對於生活懷有一顆感恩之心的人，即使遇到再大的苦難也能熬過去，因為他們懂得珍惜。而那些常常抱怨生活、永遠發洩怨氣的人，就算在人人羨慕的地方工作，在舒適的豪宅裡居住，他們也不會感覺到幸福。

感謝幫助你的人

感恩是一種生活態度，是一種品德，是每個人應有的基本道德準則，是做人最起碼的修養。每個人都應該感謝父母的養育之恩，感謝老師的教誨之恩，感謝同學的幫助之恩，感謝一切善待、幫助自己的人。

生活是一面鏡子，你笑，它也笑；你哭，它也哭。你感謝生活，生活將賜予你燦爛的陽光；你感謝他人，他人將對你施以援手。你不感謝，只知一味地怨天尤人，最終只能一無所有！

大約在西元十六世紀末到十七世紀，英國清教徒發起了一場宗教改革運動，宣布脫離國教，另立教會，主張清除基督教聖公會內部的殘存影響力。但是，在十七世紀中葉時，保皇議會通過了《信奉國教法》，清教徒開始遭到政府和教會勢力的殘酷迫害，逮捕、酷刑、宗教審判，時時刻刻都在威脅著清教徒。被逼無奈，他們只得遷往荷蘭避難。但是，寄人籬下的日子並不好過。在荷蘭，清教徒不僅沒能逃脫宗教迫害，而且飽受戰爭帶來的痛苦和折磨。為了徹底逃脫宗教迫害的魔爪，他們再一次想到大遷徒。

一六二〇年九月，清教徒著名領袖布雷德福召集了一百零二名同伴，登上了一艘重一百八十噸、長九十英尺的木製帆船，開始了哥倫布遠征式的冒險航行。

在海上航行了六十六天後，他們於十一月二十一日抵達北美大陸的科德角，即今天美國馬薩諸塞州普羅文斯敦港。稍事休整後，一行人繼續沿海岸線前進。由於逆風和時差，這艘船沒有能到達預定的目的地——弗吉尼亞的詹姆斯敦，反而在聖誕節後的第一天，把他們送上了新英格蘭的土地。

有意思的是，在這次充滿危險的遠征中，所有探險者只有一人死亡。但由於旅途中誕生了一名嬰兒，使到達美洲的人不多不少，仍然是一百零二名。移民都是虔誠的教徒，無不手心畫上十字，衷心感謝上帝的眷顧。

幾天後，他們度過了科德角灣，在普利茅斯港拋下了船錨。移民們划著小艇登陸時，按照古老的航海傳統，首先登上了一塊高聳於海面上的大礁石。船上禮炮轟鳴，人聲鼎沸，共同慶祝新生活的開始。後來，這塊礁石就被稱為「普利茅斯石」，成為美洲新英格蘭第一個永久性殖民地的歷史見證。

不過，對這些渴望幸福的移民來說，第一個冬天並不美好，嚴寒與疾病奪去了許多人的生命。一個冬天過去，歷盡千辛萬苦來到美洲的一百零二位移民只剩下了五十位。幾乎每天都有人死去。剛剛踏上這片土地時的歡樂沒有了，每個人的心頭都被一種空前絕望的氣氛所籠罩。

就在移民們束手無策、坐以待斃時，第二年春天的一個早晨，一名印第安人走進了普利茅斯村。他自我介紹，表示自己是臨近村落的印第安酋長派來察看情況的。這是移民們來到美洲後接待的第一位客人，他們向客人傾訴了自己的來歷以及所經受的種種無以復加的苦難。印第安人默默地聽著，臉上流露出無限的憐憫和同情。事情就此有了轉機。幾天後，這名印第安人把他的酋長馬薩索德帶進了移民們的房屋。酋長給他們送來了許多生活必需品作禮物，派來了最有經驗、最會做事的印第安人，教給移民們怎樣在這塊土地上生活，教他們捕魚、狩獵、耕作以及飼養火雞等技能。

這一年，天公作美，風調雨順，再加上印第安人的指導和幫助，移民們獲得了大豐收，終於度過了生活的難關，過上了安定、豐饒的日子。為了感謝上帝的恩典和印第安人的幫助，大家決定選一個日子來感謝這一切。一七八九年，華盛頓總統在就職聲明中宣布感恩節為美國正式節日。

感恩是一種生活態度，是一種品德，是每個人應有的基本道德準則，是做人最起碼的修養。每個人都應感謝父母的養育之恩，感謝老師的教誨之恩，感謝同學的幫助之恩，感謝一切善待幫助自己的人。

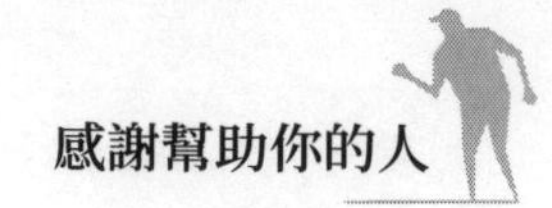

第八章　好心態讓你遠離抱怨

人生充滿了選擇，而生活態度就是一切。你用什麼樣的態度對待生活，生活就會以什麼樣的態度來對待你。

如果你是處在痛苦、壓抑、煩躁的心態之中，那麼，即使不得癌症，無疑也會疾病纏身。如果你能以積極的心態去對待疾病，哪怕是絕症，那麼，心靈的無窮潛力也會被激發出來，從而坦然接受現實，並努力地改變它，奇蹟就可能會發生。

可見，一個人因為發生的事情所受到的傷害，遠不如他對這個事情的看法重要。所以，如果改變不了事情，就改變對這個事情的態度。態度變了，事情就變了，好運就會悄悄地來臨，心情自然也會快樂起來。

積極尋找生命的轉機

在生活中遭遇難題時，不要消極等待，更不要抱怨。要知道，只有積極尋找生命中的轉機，你才有可能把握住命運，從困境中解脫出來。

生命中的貴人不可能一直牽著你往前行，不過，他們願意默默地站在你身後，讓你在努力前進時有一個最好的倚靠。不景氣不能成為自己失敗或失業的藉口，因為即使經濟大環境再怎麼差，還是有人能在相同的失業情況與困境中，靠自己的腦力和勞力成功邁出步伐，創業致富！

在生活中遭遇難題時，不要消極等待，更不要抱怨。要知道，只有積極尋找生命中的轉機，你才有可能把握住命運，從困境中解脫出來。

例如有位馬夫趕著裝滿貨物的馬車，在泥濘的路上艱難地前進。突然馬車陷入泥地無法動彈。車夫只好下車，站著原地，無助地看著四周，心想真希望有個人來幫忙。

想著想著，馬夫突然想起了神話傳說中的大力士海克力斯的名字，於是他大喊：「海克力斯，求求你，來幫幫我吧！」

這個馬夫就這麼坐在地上，什麼事也不做，只是不斷對天空大聲喊著大力士的名字。

過了很久，突然，一陣狂風吹來，海克力斯居然真的出現了。但是，他卻對車夫說：「站起來，你這個懶惰的傢伙！你自己把車輪頂到肩膀上吧！然後，你再努力往前走，那麼，我海克力斯才願意幫助你。如果你連一根手指頭都不肯動一動，只會坐在地上呼喊我的名字，就別奢望我會出現，給你任何幫助。」

把海克力斯的話審視一遍，他不就是告訴我們「自助者天助」嗎？

人生的轉機無處不在，只是大多數人陷入困境時只會呼天搶地，不願試著靠自己的努力走過眼前這片泥沼。若是連自己都不願主動積極地勇敢面對，就算有人願意伸出援手，你也脫離不了困頓的日子。

《聖經》中有這樣一句話：「當一扇門為你關閉時，別傷心，因為上帝同時還會為你打開一扇幸運之窗。」當然，至於你是否能找到上帝為你打開的這扇窗，取決於你是否有一個良好的心態。

有兩位住在鄉下的陶瓷藝人，聽說城裡人喜歡用陶罐，於是便決定將自己燒製得最好的陶罐運到城裡販售。他們幻想著，城裡人馬上就會爭先恐後地購買他們的陶罐，而他們也能因此過上富裕的生活，為此他們興奮不已。他們趕緊僱了一艘輪船，準備將所有的陶罐都運到城裡去。沒想到，輪船中途遇到了強烈風暴。等風暴過後，輪船靠岸，陶罐全部成了碎片，他們的夢也隨著陶罐一起破碎了。

這兩個陶瓷藝人在捶胸頓足之後，心想：「失去了那些陶罐本來就夠不幸的了，如果還因此而不快樂，豈不是更加不幸？於是，他們振作起來，趁此機會玩了幾天。在旅遊的時候，他們意外地發現，城裡人用來裝飾牆面的東西很像他們燒製陶罐的材料。於是，他們索性將那些陶罐的碎片全部砸碎，做成「馬賽克」出售給城裡的建築工地。結果，他們不但沒有因為陶罐的破碎而虧本，反而因為出售「馬賽克」而大賺了一筆。

由此可見，只要你擁有良好的心態，不為遭遇厄運而抱怨，積極尋找生命中的轉機，那麼，你總能從不幸中找到幸福的音符。

老子曾有言曰：「禍兮福之所倚。」在強者和智者眼中，不幸其實沒有那麼可怕。巴爾札克也曾說過：「世界上的事情永遠不是絕對的，結果完全因人而異。不幸對於強者是塊墊腳石，對於弱者則是一個萬丈深淵。」

「莫道浮雲終蔽日，嚴冬過盡綻春蕾。」待不幸的陰霾雲開霧散之後，這個世界自然是「日出千秀，無處不春光」，只要你保持積極平和的心態，世間任何事情都無法讓你心生抱怨。

遇到麻煩，不必心煩

人的一生中，難免會遇到各式各樣的問題，總會遇到一些不稱心的人、不如意的事。此時，你應該以什麼樣的心態面對這一切呢？如果你有快樂而自信的好習慣，那麼效果往往是出人意料的。如果一個人積極、樂觀地面對人生，那麼即便遇到再大的困境，他也會相信事情總會存在轉機，這樣也成功了一半。

從絕望中尋找希望，人生終將輝煌。在人的一生中，積極是一種有效的心理工具，是能夠把握自己命運的必備素養。如果你認為自己能夠發揮潛能，那麼積極的心態會使你產生力量和勇氣，從而使你如願以償。千萬不要把事情想得那麼糟，也許明天早晨它就會有轉機，這是所有成功人士給我們留下的忠告。想成大事，必須要在情緒低落的時候激發自己的積極心態，從而達到目標。

人的一生中，難免會遇到各式各樣的問題，總會遇到一些不稱心的人、不如意的事。此時，你應該以什麼樣的心態而對這一切呢？如果你有快樂而自信的好習慣，那麼效果往往是出人意料。人生充滿了選擇，而生活態度就是一切。你用什麼樣的態度對待你的人生，生活就會以什麼樣的態度來對待你。你消極，生活就會更加黯淡；你積極向上，生活就會給你許多快樂。

用幽默的心情看待人生，其實正是我們應有的生活態度，遇到不幸的同時，如果能放鬆心情，那麼，面對人生過程中的起起伏伏，我們不僅能輕鬆應對，更能在不幸當頭時，盼到轉機的到來。

有一天，魯賓斯下班後，攔了一輛計程車回家。他上車沒有多久，便感覺到這位司機是個非常樂觀的人。

因為，司機先生一會兒吹口哨，一會兒播放《窈窕淑女》的插曲。魯賓斯見他如此快樂，羨慕地說：「你今天心情好！」

司機先生笑著說：「當然啦！為什麼要心情不好呢？」

魯賓斯微笑著回應：「說的也是。」

然而，司機先生接著又說：「其實，我是因為悟出了一個道理，發現情緒暴躁或低落對自己一點好處也沒有，更何況，凡事都會出現轉機嘛！」

魯賓斯聽見司機這麼說，好奇地問：「怎麼說？」

司機緩緩地回答：「有一天早上，我照常開車出門，本來想趁著上班高峰時間多賺點錢，但情況卻未如預期，再加上那天的天氣非常寒冷，車子才上路沒多久居然爆胎了，當時我的情緒頓時掉到谷底。接著，我拿出了工具要換輪胎，但是天氣實在太冷了，我更換輪胎的過程非常不順利。」

司機故弄玄虛地停頓了一下，接著說：「就在這個時候，有個路過的卡車司機從卡車上跳下來，一言不發地上前來幫我，而且完全不必我動手，這個陌生的卡車司機很快地把輪胎換好了。當我向他表示謝意，並想給予金錢作為報答時，只見他輕輕地揮了揮手，隨即跳上卡車便離開了！」

司機笑著說：「這個陌生人的幫忙讓我一整天的心情大好，也讓我相信，人不會永遠不幸。在輪胎問題解決後，我的心似乎也打開了，而好運似乎也跟著進門，那天早上乘客一個接著一個，生意也比其他人多一倍呢！所以，遇到麻煩，不必心煩，生活不會永遠都在不如意之中，因為事情總會有轉機！」

就像故事裡的司機所言，生活不會永遠都在不如意之中。相信事情一定會有轉機，其實也是一種樂觀的心理暗示力量，當司機明白這個道理之後，他的心中自然充滿自信。他相信，人生一如日出日落，黑暗過後必然是黎明。

因此，生活態度樂觀的人，就會相信機會隨時都會出現，即使遇到困難也不會抱怨，因為他知道，風雨過後就是豔陽高照的好天氣，既然好運必將來到，就沒有必要給自己太多煩擾。

你認為呢？還在因為眼前的不如意生氣嗎？不要讓一時的不如意困擾你的心情，笑一笑，你會發現，天大的問題終究有解決的辦法。地球一直都在轉動，從未停止過，我們面對的問題不也如此？凡事都會有轉機，只要能樂觀以對，終究會讓你等到好運到來的那一天。

以積極的心態去改變你的現狀

「人世難逢開口笑，不如意事十有八九。」憂愁煩惱，作為自然的心理反應，在所難免，但切不可沉溺其中。人需要儘快調整心態和情緒，採取積極的行動來改變已遭破壞的生活。當你從困境中走出來，再回頭看時，會發現當初似乎要壓垮你的困難，不過是一片烏雲而已。

有一句話說得好：「人生得意須盡歡，莫使金樽空對月。」當你快樂時，不妨盡情地享受快樂，珍惜你所擁有的一切。而當生活的痛苦和不幸降臨到你身上時，你也不要怨嘆、悲泣。有人只要身處逆境就會一味地抱怨，長期沉溺其中不能自拔，終日被淚水和無奈的情緒包圍。其實，仔細想來，抱怨、折磨自己又有何用？只能徒增自己的痛苦，讓自己墜落得更深、更慘罷了！遇到困難，與其痛苦地哀嘆，不如放鬆心情，想辦法解決問題。

一個人，倘若總是處在痛苦、壓抑、煩躁的心態之中，那麼，即使不得癌症，無疑也會疾病纏身；然而，如果一個人以積極的心態去對待疾病，哪怕是絕症，那麼，心靈的無窮潛力也會被激發出來，從而坦然接受現實，並努力地改變它，奇蹟可能就會由此發生。

某醫院近來接連有癌症患者去世，這使醫院的氣氛顯得壓抑而沉重。許多住院病人情緒低落，有的茶飯不思，有的不肯打針吃藥。負責這些病人的主治醫生很著急，連忙向心理醫生求助。

心理醫生做了深入的調查，他發現很多病人都認為癌症是絕症，無藥可治，故此傷心失望。於是，他針對病人們消極的心理編了一套「不必傷心」的勸說詞：「癌症並非不治之症。患了癌症有兩種可能：一種是早期患者，一種是晚期患者。早期患者可以根治，你不必傷心。晚期患者也有兩種可能：一種是經過治療可以治癒，一種是一時未能治癒但還能活上幾年。可以治癒的當然不必傷心，能夠再活幾年的也有兩種可能：一種是今後隨著醫學技術的發展可使症狀緩解，存活期延長；一種是到時確實醫治無效而死。存活期延長的不必傷心，醫治無效嘛……不必傷心，因為你已經死了，還有什麼可傷心的呢？」聽到這裡，病人們笑了起來。於是，籠罩在病房裡的陰霾就這樣被驅散了。

生活中我們會遇到許多次低潮，憂愁會成為生命中一時難以承受之重。要祛除這沉重，達觀安然的哲學態度是一劑良方。另一劑良方就是行動，行動可以有效地轉移你的注意力。用行動去積極地改變你的現狀，行動會使你找回自信和力量，行動也會直接產生實際成果，從而更加鼓舞你。

在挫折面前你應有的態度是，驅散憂愁的烏雲，坦然地應對生活中的一切變故。當我們的生命滑向低谷時，讓我們慶幸吧，慶幸自己終於有時間思考，終於有時間好好審視自己走過的路。仔細想想，自己的生命之路哪一步走歪了，哪一步走慢了，哪一步一落千丈走得不穩了。然後，準備你的力量，伺機而動，生命的下一個輝煌定會屬於你！

正確看待幸運與不幸

幸運是有限的，不幸卻是無限的。過於幸運的人剩下的無疑是更多的不幸。這其中自有道理，因為你幾乎經不起不幸的打擊，一旦被擊倒，就很難爬起。如此一來，更多的不幸就會砸下來。有時候，甚至別人看來不算什麼的小小溝坎，也會成為你生活中難以逾越的高山。

沉溺在不幸中不能自拔，只有死路一條；而置身於幸運中不作居安思危的長遠打算，後果同樣不堪設想。

幸與不幸沒有標準，它只是一種心態。無論在什麼情況下，只要你覺得自己是幸運的，那麼你就是幸運的。反過來，遭受一點挫折，馬上大呼不幸，那也只能讓你感覺自己更加不幸。如果你把一點點的不幸置於顯微鏡下，你甚至會被自己看到的一切嚇到。不幸的感覺只能把你帶進絕望的深淵而不可自拔。

好比有一次，一位將軍率船隊在海上航行，途中遇上了暴風雨。一名士兵因是第一次乘船，所以嚇得不停地亂喊，大哭不止。船上的人幾乎都受不了，因為這讓本來並不擔心的人們開始感到了恐懼。將軍氣惱地想下令把他關起來。

這時，將軍身旁的一位上校說：「不要關他，讓我來處理。我想我可以使他馬上安靜下來。」上校隨即命令水手將那位士兵綁起來，丟入海中。士兵一被丟下海就手腳亂舞，狂喊救命。過了幾分鐘，上校才叫人把他拉上船來。

回到船上後，方才歇斯底里大叫不停的士兵，靜靜地待在船艙一角，半點聲音也沒有了。將軍好奇地問這個上校為何要這樣做，校官答說：「在情況轉變得更加惡劣之前，人們很難體會自身是多麼的幸運。」

毋庸置疑，這位校官是位高明的邏輯學家，在他的手中，幸運就像球拍，而不幸則是球——只有「幸運的球拍」才能將「不幸的球」打出去。這種邏輯又像大海中一個落難的人：海難是不幸的，但懷中的救生圈卻讓他感到自己是多麼的幸運，至於漂到哪裡，甚至漂多久都不是問題，因為幸運永遠在他懷中——他不會因為方位、距離的變化而失去救生圈。所以即使遭遇海難，他也並不認為自己是不幸的，懷中的救生圈讓他相信自己一定會獲救。

另外，如果將大海比做死亡或地獄，對於那位驚恐萬狀的士兵而言，他無疑是到「地獄」走了一遭——如此「大難不死」的經歷，讓他覺得這世界沒什麼可怕的事了，回到船上是無比幸運。

很多成功的人，在這方面可以說是我們學習的楷模。他們那種面對不幸坦然置之，甚至視之為人生財富的態度不禁讓我們肅然起敬。從辯證的角度講，幸運中隱藏著不幸，而不幸中往往會產生令人羨慕的幸運者。不幸對於幸運兒而言無疑是滅頂之災，無力抗拒。因為幸運兒習慣了幸運，在他們的生活中，只有一帆風順、心想事成，他們不認為不幸也是生活的一部分。他們就像溫室中的花朵，失去了抗擊風雨的能力。而不幸對於那些經常遭受不幸折磨的人來說，是家常便飯，常吃這種「不幸飯」的人，意志都是堅強的。他們清楚地知道，人生不是風調雨順，幸運只是偶爾光顧。

失敗的不幸像一副骨牌，一旦倒下便不可收拾；成功的幸運卻似流星隕石，輕易落不到你腳下。一個聰明、有遠見的人，一定會懂得正確對待幸運與不幸。

放得下比拿得起更重要

一個人在處世中，拿得起是一種勇氣，放得下是一種度量。對於人生道路上的鮮花、掌聲，有處世經驗的人大都能等閒視之，屢經風雨的人更有自知之明。但對於坎坷與泥濘，能以平常之心視之，就非常不容易了。大的挫折與大的災難，能不為之所動，能坦然承受，這則是一種胸襟和度量。

法國哲學家兼思想家蒙田說過：「今天的放棄，正是為了明天的得到。」在這個世界上，為什麼有的人活得輕鬆，而有的人卻活得沉重？前者是拿得起，放得下；而後者是拿得起，卻放不下，所以沉重。有人說，人生最理智的選擇就是拿得起，放得下。只有這樣，你才能活得輕鬆而幸福。

一個人在處世中，拿得起是一種勇氣，放得下是一種度量。對於人生道路上的鮮花、掌聲，有處世經驗的人大都能等閒視之，屢經風雨的人更有自知之明。但對於坎坷與泥濘，能以平常之心視之，非常不容易。大的挫折與大的災難，能不為之所動，能坦然承受，這則是一種胸襟和度量。

佛家以大肚能容天下之事為樂事，這便是一種極高的境界。既來之，則安之，更是一種超脫。拿得起，實為可貴；放得下，才是人生處世之真諦。

「拿得起」要求我們有足夠的實力，在機遇到來時能夠成功應付；「放得下」則要求我們在面臨困難時，不氣餒也不自甘墮落，能屈能伸彰顯豪邁。

生活中不如意事十有八九，拿得起放得下的人不是很多。尤其是在感情上受到了欺騙，就更難做到放得下了。也正因為如此，一幕幕的人間悲劇便經常在我們周圍發生。

每個人本來都具有充沛的精神活力，但因為某些心理壓力漸漸形成情緒問題：有時反應暴躁，有時反應淡漠，導致心灰意冷、萬念俱灰，失去了樂觀向上的鬥志。為了避免意志消沉，我們必須培養積極的生活態度，一定要拿得起，放得下。唯有如此，才可以使我們隨時保持冷靜，消除心中的煩惱和不平衡情緒，讓我們在失意之餘，有機會喘一口氣。

腦子的作用，不只是幫助我們記憶，更是幫助我們忘懷。我們應時時刻刻排解多愁善感的情緒，把惱人的往事放在一邊，不要讓自己被種種紛擾所困，而要讓愉快的心情時時陪伴自己。只有這樣，我們才能積極地投身於生活，才能精力充沛地去工作和學習。

樂於忘懷是一種心理平衡。老是抓住一些事情念念不忘，實際深受其害的是自己。我們生活在現在，面向著未來，過去的一切都被時間之水沖得一去不復返了。我們沒有必要念念不忘那些不愉快，那些人間的仇怨。念念不忘，只能被它齧噬，以致對生活失去信心，甚至導致精神崩潰，而陷自己於更難自拔的境地。

從心理學角度看，你若是總沉浸在悲傷與憎恨中，長期生活在過去的記憶裡，就會與生活脫節，就會嚴重威脅心理健康和心智的發展。

一個人如果懂得了忘懷之道，對什麼事都能拿得起、放得下，所有的不快自然會消失，取而代之的是朝氣蓬勃的新生。

不同的心態，不同的結局

一個人因為發生的事情所受到的傷害，遠不如他對這個事情的看法更重要。所以，如果改變不了事情，就改變對這個事情的態度。態度變了，事情就變了，好運就會悄悄地來臨，心情自然也會快樂起來。

拿破崙告訴我們，我們的心態在很大程度上決定了我們人生的成敗。成功人士總是用積極的思考、樂觀的精神支配和控制自己的人生，消極的人們卻因為過去的一些失敗經歷和面前的困難，而悲觀失望、消極頹廢，最後一事無成。甚至因為他們沒有信心做好某一件事，而連簡單的工作任務都不能順利完成。有位企業家曾說過：「你要是努力後卻無法成功，這可以理解，但要是不努力，就不能容忍了。」

舉例來說，有一位進京趕考的秀才，在考試前兩天的夜裡做了三個夢。第一個夢，他夢到自己在牆上種白菜；第二個夢，是下雨天，他戴著斗笠卻又撐著傘；第三個夢，夢到和心愛的女孩同床共寢，但卻是背靠著背，誰也不理誰。這三個夢似乎都有些深意。

第二天，秀才就趕緊去找算命先生解夢。算命的一聽，連拍大腿說：「你還是回家吧！你想想，高牆上種菜不是白費功夫嗎？戴斗笠還撐傘不是多此一舉嗎？跟意中人躺在一張床上，卻背靠背，不是沒緣分嗎？」

秀才一聽，心灰意冷，收拾行李準備回家。旅店老闆感到奇怪，問道：「不是明天才考試嗎？你怎麼今天就回鄉了？」秀才如此這般說了一番，店老闆笑了：「我也會解夢。我倒覺得，你一定要留下來。你想想，牆上種白菜不是高種（中）嗎？戴斗笠又撐傘，不正說明你這次有備無患嗎？而跟意中人背靠背躺在床上，不正是翻身可得嗎？」

秀才一聽，覺得此解更有道理，於是精神振奮地去參加考試，果然金榜題名。

因為心態不同，做出的選擇不同，得到的結果也不同。生活中，有太多失敗的人，有太多平庸的人，不是他們沒有能力，而是因為心態有問題。遇到困難，總是挑選容易的退避之路，結果往往陷入失敗的深淵或者永遠安於平庸的境地。成功者遇到困難，仍然保持積極的心態，他們用積極的意念鼓勵自己，並且想盡辦法不斷前進，直至成功。

一個人因為發生的事情所受到的傷害，遠不如他對這個事情的看法更重要。所以，如果改變不了事情，就改變對這個事情的態度。態度變了，事情就變了，好運就會悄悄地來臨，心情自然也會快樂起來。

就好比有一隻蜘蛛艱難地向牆壁上一張已經支離破碎的網爬去。由於剛下過雨，牆壁很潮濕，牠爬到一定的高度後就會掉下來。雖然牠一次次地向上爬，但還是一次次地掉下來。

第一個人看到了，嘆了一口氣，自言自語地說：「我一生不正如這隻蜘蛛嗎？庸庸碌碌而無所得。」

第二個人看到了，也嘆了一口氣說：「這隻蜘蛛真愚蠢，為什麼不從旁邊乾淨的地方繞一下再爬上去呢？我可不能像牠一樣愚蠢。」

第三個人看到後說：「這隻蜘蛛屢敗屢戰的精神令人感動！」

這個故事給予我們的啟示，是一個人如果想走好人生之路，其心態是相當重要的，因為不同的心態會導致不同的結果。事物往往有兩面性，是是非非，得得失失，你中有我，我中有你，正所謂「橫看成嶺側成峰」。如果我們在思考問題或決策時能夠注意從多方面看問題，特別是能多一些積極的心態，少一些消極的心態，就有可能發現走向成功的途徑和方法。從這個意義上講，心態不同，結局也不同。

轉換情緒，生活就會充滿樂趣

我們要學會情緒轉換，不管是好心情還是壞心情，都得有一個轉換過程。當心情興奮的時候，要學會避免太過激動而得意忘形，當心情極度低落的時候，也得讓情緒轉換，以防一蹶不振。只有做到這樣，一個人才算是真正的成熟，才能立於不敗之地。

在交通擁擠的十字路口，經常會發生同樣的事。眼前車水馬龍，司機們使勁地按喇叭並互相嚷嚷著。交通秩序陷入了癱瘓狀態。這時候，交通警察出現了，他神色若定地指揮著，混亂的場面很快得到了控制。

人的心情也會有雜亂無章的時候。各種情緒一時湧上心頭，讓人煩躁不已。此時，我們也需要心靈的疏導，給情緒一個緩衝的機會。首先，我們要學會情緒轉換，不管是好心情還是壞心情，都得有一個轉換過程。當心情興奮的時候，要學會避免太過激動而得意忘形；當心情極度低落的時候，也得讓情緒轉換，以防一蹶不振。只有做到這樣，一個人才算是真正的成熟，才能立於不敗之地。

舉個例子，有一位名叫史普尼克的男子，是個開大貨車的司機，每天都在公路上忙碌奔波。一個人在公路上奔馳，是件非常辛苦的事，由於視線只有前方的柏油路，音樂聽久了也覺得膩，在這種日復一日、一成不變的節奏中，寂寞與乏味開始入侵他的生活。

直到有一天，當史普尼克經過某個地方時，一個小女孩拿著手帕向他揮手。就在那一瞬間，他的心中充滿了溫暖，心情頓時也開朗了起來。

此後，他每天在同一個地點，都會發現那個小女孩以不同的方式朝他打招呼，史普尼克心想：「沒想到這個小女孩這麼崇拜我！」

自從生活多了這個小插曲，讓史普尼克的工作也充滿了樂趣……

因為小女孩的出現，史普尼克重新找到了工作的樂趣。他是被動式地轉變了自己的情緒。相對於那些情商高的人，不管遇到什麼樣的事情，他們都能善於接受他人、面對現實。所以，這類人在感到沮喪，甚至在情緒極度緊張的時候，總會先接受無法避免的事實，然後再用情緒轉換來調控自己。他們絕不會因為所面對的事實採取逃避或抵抗的態度。相反，他們會在既成事實面前，從容不迫，應對自如。因為他們知道，既成的事實再也無法改變，憤怒也好，沮喪也罷，事情既然發生了，與其逃避，還不如面對。這樣，他們就在很大程度上避免了情緒上的負面影響。

宗教家馬太．亨利在傳道的路上，被一群強盜毆打，還把他身上所剩的錢財全部搶走，身無分文的他在空曠的原野上艱難地跋涉，最終到達了目的地。後來，亨利在日記中這樣寫道：「我要感謝上帝，感謝上帝給我這樣的保護，我真的是太幸運了。」接著，在以後的日記中他列出了之所以說自己幸運的幾個理由：

第一，我在此之前竟然從來就沒有遇到過類似這樣不幸的事情，這次被我遇見真是幸運。

第二，強盜只是搶走了我的錢，我的生命卻安然無恙，說明這群強盜並無殺人之心。我真是幸運，遇到了只搶錢財的強盜。

第三，他們只是搶走我身上的錢而已，並沒有搶走我所有的財產。而那些錢是可以再賺回來的。

第四，是他們搶我的錢，而不是我搶他們的錢，願上帝原諒他們的一時無知。

在被強盜搶掠之後能這樣去面對現實，甚至列出了這麼多讓自己感到幸運的理由，確實難能可貴。他的這些理由不僅淨化了自己的靈魂，也帶給他人一種啟迪。

亨利是一個明智的人，在面對不可避免的事實時，不是抗拒，不是逃避，而是釋放著輕鬆，釋放著教益，以一種博大的胸襟和氣魄來告誡、警醒世人，讓自己很優雅地離開這種負面情緒，進入令人難以置信的崇高境界。在遇到羞辱、感到難堪、覺得煩心，甚至面對挑釁的時候，我們的精神千萬不能自我坍塌，而要胸有成竹，要從容不迫，要有紳士風度。這樣，那些粗俗的、愚昧的、低級的情緒就會像污泥一樣濯出你不染的風采！

我們應該在這種不經意間實現情緒的成功轉換，因為情緒轉換之後，生活也會因此而充滿樂趣。

不因別人的無禮而惱怒

面對他人的無禮、責難，採用一笑置之，常常能讓困境和窘迫轉為輕鬆和自然，從而讓人的精神得以放鬆，人和人之間的緊張氣氛得以緩解，憤怒的情緒得以釋放，焦慮得以消除，從而擺脫困境，收穫平和。

舉例來說，有一位年輕人名叫洛克斐勒，他的空閒時間很少，所以他總是將一個可以收縮的運動器材，一種手拉的彈簧，可以在難得的閒暇時光，掛在牆上用手來回拉扯。洛克斐勒習慣放在隨身的袋子裡。

有一天，洛克斐勒來到一間銀行分行，這裡的人都不認識他。然而洛克斐勒一踏進銀行，就說要見主管。

有一個傲慢的銀行員工看見了這個衣著隨便的年輕人，便回答說：「主管很忙。」洛克斐勒聽聞，便說：「沒關係，我等一等。」當時待等候區並沒有別人，他看見牆上有一個鉤子，便把運動器拿出來掛上，使勁地拉著。彈簧的聲音打擾方才那名員工，於是他不滿地站了起來，對著洛克斐勒大聲吼道：「喂，你以為這裡是什麼地方啊，健身房嗎？這裡不是健身房，趕快把東西收起來，否則就出去。懂了嗎？」

「好，那我就收起來吧。」洛克斐勒和顏悅色地回答著，並把東西收了起來。五分鐘後，主管急忙趕來了，並且非常客氣地請他進去坐。

那個員工見狀，立刻意識到洛克斐勒並非等閒之輩。他覺得自己的前程肯定斷送了。就這樣惴惴不安後，洛克斐勒臨走時，還客氣地和這位員工點了點頭，而他則是一副不知所措的樣子。他打從心底覺得，洛克斐勒肯定會懲罰自己，於是便忐忑不安地等待著處罰。

但是過了幾天，什麼事也沒有發生。又過了一星期，也沒有事。過了三個月之後，那個員工忐忑不安的心才慢慢平靜下來。

洛克斐勒用一笑置之原諒了那個傲慢的員工，用自己樂觀開朗的性格處置了憤怒情緒，於人於己都是有利無害的。

面對他人對自己的傷害和無禮冒犯，我們要保持寬容和冷靜，這既是對他人的一種容忍，也是對自己的一種尊重。

向責怪你的人說聲「謝謝」

我們在為人處世時，不妨溫和一點，接受別人的責難。有一句俗語叫「伸手不打笑臉人」，當你接受了他人的責難，責難也就會到此為止。

對待別人的批評和責難，不管是否過分，都要保持耐心，採用溫和的態度來對待，抱著「有則改之，無則加勉」的心態，以求做事盡善盡美。這樣，總會有所收益的。

就好比你因為一些細小的錯誤而被主管責罵，你可能當下認為這種細節不值得這樣大動肝火，可在後來獨處時，靜下心才發現，每一次成功都是由各種細小的細節組合而成。主管的責怪，是希望一件事情能夠順利、成功，倘若事情順利成功，自己不也成了最大功臣？轉念一想，主管或許是在替你著想，希望你能夠積極完成每一次公司交辦的任務，成為一名成功的社會人士。當你換個角度去思考，才發現主管對你的責怪，其實是教導。想到這裡，你是否應該誠摯地在心中對主管說聲「謝謝」呢？

又或者當有人毫無理由地對你發怒或是責備時，也請學會微笑待人。當你在理智從容的態度下面對「大動肝火」的人時，對方可能會在謾罵的過程中意識到自己的情緒有多麼極端，進而收斂、甚至道歉。這並非叫你忍受他人沒來由的脾氣，而是當他人在不理智的情緒上時，學會不要針鋒相對，而是忍耐一時，直到最後雙方能進行有效的溝通，再指出對方的不應該，而對方也會因為你嚴肅的理性判斷，意識到自己的行為已經影響到別人的觀感，進而感到羞愧，最後低頭道歉。

如果一個人的心裡對你已經滿懷惡意，即便你搬出各式各樣的邏輯，針鋒相對地互相辯解，也無法讓對方信服。他不可能被強迫或被威脅而同意你的觀點，進而改變自己的觀點。但他們會接受你和藹而友善的態度，會接受你的妥協。總之，別讓他人的無禮行為成為你動怒的導火線，這種事情最不值得，也最不應該發生。

第九章　語言的威力無窮

古人云：「病從口入，禍從口出。」很多災禍都是因為我們逞一時的口舌之利，圖一時之快所導致的，當然其中抱怨更是最直接的禍首。

因此，當我們說話，尤其是因為某事試圖抱怨時，請先保持一分鐘沉默。如果你能這樣做，就會發現，沉默給了你機會，讓你在說話時更小心地用字遣詞，而不是失控地將抱怨說出口。如果開口就是抱怨，還不如選擇沉默來得有益。

沉默能讓你自省反思

沉默能讓你自省反思，慎選言詞，讓你說出你希望能傳送快樂的言論，而不是任由不安驅使你說出滿腹牢騷和惹人厭惡的抱怨。

與人相處，不可能始終默不作聲，就是最沉默的人，在必要時，也要闡述自己的觀點。人與人之間傳達思想與感情必須以語言為媒介，與人說話的目的，不外是為獲取對方的意見或表達自己的意思。你與熟人說話而使彼此情感意見溝通，不算本領，要能與生人講話，談得推心置腹、相見恨晚，才是你真正的本領。說話尤不能傷人或失人和，更不能用你的利嘴來抱怨。俗語說：「得道者多助，失道者寡助，多助之至，天下順之，寡助之至，親戚叛之。」這實在是做人說話之道。

話說得不好會招致大禍，這是常常可以見到的事。因此我們怎能在說話時不時時謹慎呢！韓非曾寫過一篇〈說難〉，其中寫到說服上位者時碰到的困難：「必須熟知對方的心理，有人喜功名，崇榮譽，而惡財利。倘你與他談財利，他必定疏遠你，但你若和他談功名，又會使他的榮譽心作祟，而話不投機。還有些人標榜著榮譽，私下卻愛慕著財利，若你察覺不到他的心理，卻和其談到慷慨樂捐的事，他心裡一定疏遠你了。」

我曾經和一個話不多的人共事。和他認識之後，我曾經問他為何這麼安靜。他告訴

我：「這樣會讓人以為我比較聰明。」是啊，如果一個人什麼都不說，大家至少還會讚揚你聰明。但是當我們說個不停時，不但不會讓自己的言論聽起來很睿智，反而只會顯示自己的缺點。

想知道某個人對自己而言是否很特別，有一個測試方法，就是看看我們可以和這個人不說話時相處的時間有多久。我們只是安於他們的存在，享受著他們的陪伴，一大堆無心的閒話家常並不會增進我們的相處品質，反而會糟蹋了這段共度的時光。喋喋不休只是在對你周圍的人們發送一個訊息——你覺得不自在。

在心裡告訴自己「會解決的」

當你開始抱怨之前，不妨告訴自己：「再難，也會有辦法解決。」這樣，你一定能發現，原來快樂就是在你藐視困難時最真實。

每個人總會遇到一點麻煩，當你遇到不幸時，請別作無益的抱怨，不妨在心裡告訴自己：「會好起來的。」當你有這樣的心態時，即便遇到再難的事，你也不會抱怨了。

威爾有一輛二十幾年的小卡車，他經常開著這輛車運送東西。因為車子實在太過老舊，因此非常耗油，每開二十公里大約要用掉一公升的油。所以威爾時常需要替這輛老卡車加油，為了以備不時之需，他還在後車廂裡放了一桶油。

有一次他決定開著這輛上了歲數的卡車去某城市，臨走時，他確定油箱已加滿了油。幾個小時後，威爾終於開到了城市。當他把物品裝上車，準備啟程回家時，決定走捷徑，朝小鎮的方向行駛。威爾以前就住在這座城市，對通往小鎮的路很熟，來往車輛並不多。

夕陽開始西下時，車子儀錶板的引擎故障燈亮了。那一刻，人的思考模式應該是「糟糕！有麻煩了」或是開始抱怨「我怎麼那麼倒楣」，但威爾卻並沒有這樣說，他反而在心裡告訴自己「會解決的」。儘管這樣安慰自己，但威爾心裡還是沒有十足的把握——因為他對這條路很熟，這路上只有十來戶人家，而他出門時又忘了帶手機。

然而，不知是信念生效，還是命運聽見了他的心聲，沒有盡頭的公路駛來一輛大卡車，威爾趕緊攔下對方，得知對方正巧是販售車子零件的老闆時，心裡欣喜得不敢置信。而對方也十分慷慨地幫助威爾解決車子故障的問題，並主動提供全新的零件，讓威爾能夠繼續上路。

由此可知，不幸是自己想像出來的。當你心存希望，認定事情還有轉圜的可能性，奇蹟就會發生。假設你只是不停地抱怨，認為自己不幸，那必定沒有遇見奇蹟的幸運。

抱怨不是生活的萬靈丹

當事情發生時，你沒有必要向朋友、同事和家人抱怨，把他們也牽扯進來。最明智的做法應該是找一個可以幫助你的人，告訴他你想要什麼。

人為什麼喜歡抱怨？因為他們企圖透過抱怨讓自己的願望得到滿足。比如有人抱怨東西昂貴，那是他們希望能用更少的代價獲得他們想要的東西。其實，你完全可以好好表達自己的期望，而不需要以抱怨現況來獲取你想要的結果。

舉例來說。有一天，威爾的手機響了，來電顯示不明號碼。當時他正在忙，沒有接電話，打來的人也沒有留言。接下來，幾乎每隔一小時，威爾都接到同樣的不明號碼，打來卻又不留言的電話。最後，威爾忍不住接到了這通來電，聽到電信公司的語音留言：「這是要通知瑪麗的重要訊息……如果你是瑪麗，請按一；如果不是，請按三。」

威爾想都沒想就按了三，心想電信公司應該會發現他們打錯了號碼，就不會再有這些來電了。但他們還是沒發現自己的錯誤，電話幾乎每小時響一次，都是同支號碼打來的，而當威爾接起電話，又聽到同樣的語音留言。他不斷按三，來電卻依然沒有停止。

「人都會犯錯，我知道我也會犯錯，而所謂的公司，只是一大群想盡力做好事情的人們。」威爾這樣說。

在過了好幾天每小時都有固定來電的日子後，威爾打電話給電信公司，期望他們能解釋這樣的狀況，而他們也承諾，保證會處理。但是，來電還是持續不斷。被干擾得無法工作的威爾並沒有投訴，也沒有謾罵負責此事的相關人員。此外，他也沒有向身邊人提起過這件事，更沒有抱怨電信公司的服務。

最後，威爾又一次撥打客服的電話：「我知道出錯是難免的，我也知道這不是你的錯，但是我應該不會再接到貴公司的電話了才對，而我也願意和你配合，直到我們發現問題出在哪裡，而且一起解決。」不到十分鐘，客服就發現了問題的癥結所在，他們把威爾的號碼當成那位名叫瑪麗的號碼並輸入後臺電腦了，問題終於得以糾正，來電也終於停止了。

你要知道，你有權利得到你應該得到的、屬你的東西。要達到這個目的，就不要一直談論這個問題，或是把注意力完全放在上面。你應該從更高的層次來思量問題，看著它被解決。只要談你的渴望，只要和可以給出解決方案的人談，你就會縮短等待的時間，讓你的需求更快被滿足。在這段過程中，你也會更快樂，而不是抱怨。

境由心生，快樂靠自己尋找

從正面看待事情，你會發現，它們再也不會讓你煩心，還會給你實質的助益。改變你的措辭，看著自己的生命隨之改變。試試吧。剛開始可能會覺得有點困難，但是請仔細觀察，它是如何改變了你對人、對物的看法。當你改變用語時，情況也會跟著改變。人的言語具有強大力量。當我們改變嘴裡說出來的話，就會開始改變自己的人生。

我有個朋友總是說：「我是全世界最幸運的人——我遇上任何事都能迎刃而解。」他有貌美的妻子和美滿的家庭，他的事業成功，而立之年就成了千萬富翁，身體健康。你可能會說他只是運氣好，他自己也同意。但是，應該說，是他相信自己幸運的信念，讓他變得如此幸運。所以，你何不將這個方法應用到自己身上呢？

就好比有一次，威爾在公路的內側車道上行駛，當時他的車速已超過速限。在他前面的是一臺休旅車，時速大約比速限慢五公里左右。當時，威爾在心裡就開始不滿：「如果要開得比速限慢，難道不知道走外側車道，讓其他人先過嗎？」幾天後，威爾又駛上了超車道，前面還是那位駕駛者，開車時速比速限慢了不少。威爾發現那名駕駛者開的也是休旅車，而這次威爾忍不住瘋狂抱怨，認為這種做法實在太自私，太不知道為別人著想了。

一個禮拜後，威爾載著一家人上路時，又被左側車道一個開得比速限慢的駕駛拖慢速度——又是一臺休旅車。這次威爾開始向家人大聲抱怨。隨後的幾周，這種狀況一直反覆出現，每次都是休旅車。幾次下來，威爾開始注意到車上有著某些記號或貼紙的休旅車駕駛，都是惡劣的違規者。這些人成了威爾的眼中釘，他屢屢向認識的人提及此事。威爾覺得這很有趣，只是一種巧妙的觀察結論，但他也的確注意到，這種事發生的頻率愈來愈高。最後，他終於明白，是自己判定「休旅車的駕駛都是沒禮貌又妨礙交通」的人。因為相信這個判定，所以抱怨這種事就成了他的日常，而且幾乎每次屢試不爽。

如果你能從正面看待事情，你會發現，它們再也不會讓你煩心，還會給你實質的助益。試著改變你的措辭，看著自己的生命隨之改變吧。剛開始可能會覺得有點困難，但是請仔細觀察，它是如何改變了你對人和物的看法。當你改變用語時，景況也會跟著改變。

英國文豪米爾頓有一句名言：「境由心生，心可以使天堂淪為地獄，讓地獄變成天堂。」或許這裡就是天堂——要不然，至少我們可以讓它變成天堂。

當別人問起你近來可好時，你不妨誠心誠意地回覆：「我快樂得似神仙。」也許你起初會感覺不太自在，但當你習慣了以後，這將成為你不假思索的答案。用心觀察，你會注意到這句話會讓其他人露出燦爛的微笑。由此，你要明白，當下的你可以決定自己要快樂還是要悲傷，要置身天堂，還是要墜入地獄。

批評無法解決問題，只會讓事情變得更糟

沒有人喜歡被批評，而且我們的批評往往只會擴大事端，而無法消除事端。人們對於欣賞的回應，要遠比對批評的回應更為熱烈。

批評是抱怨的孿生兄弟。批評通常是針對某人而發出，意圖貶低此人的。有些人認為批評能有效地改變一個人的行為，事實卻並非如此，批評極有可能造成相反的效果。

任何一個優秀的領導者都知道，人們對於欣賞的回應要遠比對批評的回應更為熱烈。欣賞能激勵人們表現優越，以獲得更多賞識，批評則使人耗損。當我們貶低別人時，其實也是在默許此人往後依然故我。例如，如果我們批評某人懶散，當他們和我們接觸時，便會接受自己是懶散的事實，這等於給了他們懶散的權利，可以表現出與「懶散」這個標籤相稱的舉動，懶散的行為使會反覆出現。

我們每個人創造自己生活的力量都非常可觀，遠超過我們的想像。我們對他人的觀

感，決定了他們在我們面前會呈現出什麼樣貌，以及我們與他們之間的關係。我們的言語會讓對方知道，我們對他的行為有著什麼期望。如果言語中帶有批評，他的行為就會如實地反映我們所批評的內容。

每個人都渴望獲得他人的認可，受到他人的重視。即使我們天性內向，卻還是渴望被他人注意，尤其是我們視之為重要的人。即便這種注意是負面的，像是批評，我們也會重複同樣的行為，以獲得自己心中渴求的關注。這種行為鮮少是有意識地發生，而是在不假思索下完成的。我們都喜歡被注意，也會以各種方式獲得注意。如果這種注意帶有批評意味，我們則會向下修正，以達到批評者的負面期望。

因此，一定要牢記，批評無法解決問題，只會讓事情變得更糟。

沉默也是一種語言

「沉默是金」，很樸素的一句話，卻蘊含著極耐人尋味的真理。沉默是金，遠不止是一種做人的技巧，更是一種做人的品格。有人問貝多芬用什麼表現沉默，他回答是用十六支定音鼓。有時在受到誤會時，不辯解才是一種最為有力的辯解。因此說，沉默其實也是一種語言。

某一家印刷公司的老闆知道另一家公司想買下他的一部舊印刷機，十分高興。他仔細計算後，把賣價定為兩百五十萬美元，還計畫該如何詳談這筆生意。

隔日，老闆坐下來和對方洽談時，原本馬上就要開口談價的他，內心有一個聲音叫他：「先等一等。」於是老闆看著對方很快就打破沉默，滔滔不絕地指出那部機器的好壞。他則一句話都不說。然後對方說：「我們願意支付你三百五十萬美元。」不到一個小時，生意談妥了。

「沉默是金」。關鍵時刻，沉默讓那個老闆獲得了比理想中還要高的價錢。由此可見，沉默靜守確實是大智慧。當生活的巨浪襲來的時候，用自己穩健的行動去抵擋，此時語言的力量是蒼白的無效的，就算你使盡全身的力量也喊不出和浪濤聲相抗衡的音量。此時，你不妨保持沉默。沉默不是退讓，而是積蓄下一次奮起的力量，尋找時機，成就自己的輝煌。

在特定的環境或是特定的時期，沉默是最好的處世為人的方式。很多時候的很多事，不是誰想怎樣就能怎樣的，有許多客觀和主觀的因素影響著事態的發展。對很多未經證實的言論最好不要評說，不要抱怨，要放在肚子裡，讓不好的傳聞止於你的沉默，這既是對別人負責也是對自己的尊重。

當然，沉默並不是讓你停止思考，正相反，沉默是為你提供一個思考的時間。有人喜歡誇誇其談，將並不成熟的思想說出來。然而對於他自己，則失去了進一步思考、提高的機會，使本來可能很有價值的想法被放走了。而對於聽的人，由於說者的滔滔不絕，很容易忽略了其談話的重點及思想的核心，聽一聽罷了。還有的人因為說話前缺少足夠的思考和語言的組織，造成言不達意或邏輯不清，反而影響了感情的交流，真是欲速則不達。難怪有人感嘆：「要了解一個人的思想，最好是看他寫的文章，而不是和他交談。」為什麼?因為人們在寫文章前會仔細推敲，然後才落於紙墨，所以清楚、流暢。

由此可見，思想需要語言的表達，而語言的形成更需要經過冷靜思考和反覆推敲潤色的過程。哲學家說：「沉默是一種成熟。」思想家說：「沉默是一種美德。」教育家說：「沉默是一種智慧。」藝術家說：「沉默是一種魅力。」科學家說：「沉默是一種發明。」

是的，沉默是一種難得的心理素養和可貴的處世之道。

第十章　停止抱怨，快樂生活

世間沒有完美的事物，如果用挑剔的眼光來看待周圍的一切，你總會發現令你不滿意的地方，也總會存在讓你抱怨的人和事，然後讓自己不愉快，讓工作沉悶，讓生活毫無樂趣。與其如此，何不停止抱怨，找尋工作和生活中的樂趣，發現別人身上值得欽佩的地方，欣賞並且讚許他們呢？其實，快樂就在我們的身邊。

不快樂是因為你所求太多

每個人都背著一個空行囊在人生的旅途上行走。一路上，他們會撿拾很多東西——地位、權力、財富、友誼、愛情、責任、事業……一路撿拾，行囊漸漸裝滿了，因為內容物增多，變得沉重，快樂也就漸漸消失了。

大部分人在多數時候都是不快樂的。但是，很多時候，不快樂並不是因為快樂的條件還沒有齊備，而是因為活得不夠簡單。好比有個富人，儘管擁有很多財富，但卻感覺不到快樂。富人心想：「怎樣才能快樂呢？」他已經厭倦了現在的生活，於是決定到神祕的遠方去尋找快樂。於是，富人背著許多金銀珠寶出發了。

富人就這樣帶著沉重的包袱展開旅行，可是他發現，自己走得越愈遠，愈是容易感到煩躁，根本沒有所謂的快樂。哪怕已經走遍了千山萬水，富人卻只累得氣喘吁吁，根本就沒有心思觀賞野外的風景，體會這世界的悠閒自在。

直到有一天，一位衣衫襤褸的農夫唱著歌從對面走過來。富人忍不住問農夫：「你看起來很快樂！」

「哈哈！對呀，我覺得很快樂！我剛從田地回來，田裡的秧苗又長高了一點；在路上，我又幸運地撿到一些柴火和野菜！」

「我什麼都不缺，你看我的背包裡，有這麼多財富，可是我就是感覺不到快樂，你能告訴我快樂的祕訣嗎？」

農夫笑笑地說：「哪裡有什麼祕訣啊，只要你把背負的東西放下就可以了。」

富人立刻頓悟——自己背著那麼多的金銀珠寶，一路上擔心的事情太多：晚上住在旅店的時候害怕被人偷走，白天走在路上又擔心被別人搶去，帶著不方便，丟下又捨不得。整日憂心忡忡，怎麼能快樂得起來呢？

如果富人只帶剛好的錢財，把心思放在欣賞自然美景上，或者把部分財產分給窮苦人，他肯定會快樂！富人會因為沒有了沉重的包袱而快樂，也會因為給予別人幫助而快樂。

為什麼孩子總是快樂的？因為他們思想單純，生活簡單。對於一個喜歡零食的孩子來說，一座金銀財寶堆成的山，不如一包零食；對於一個喜歡在外玩樂的孩子來說，可以變換出各種玩具的泥土勝過滿屋子的高級玩具——真正的快樂是從內心油然而生。

快樂應該在當下

人活在世上，有時難免有求於人或必須逆著風向行事。但是我相信，一個人只要約束自己的貪欲，就可以知足常樂，並因此而獲得好心情。否則，被過多的物質欲求羈絆、牽累，到頭來只能是得不償失。

就好比有個富人，家有良田萬頃，身邊妻妾成群，可日子過得並不開心。在富人家的高牆外面，住著一個窮苦的鐵匠，夫妻倆卻總是有說有笑，日子過得很開心。有一天，富人的妻子聽見隔壁夫妻在唱歌，便對富人說：「我們雖然有萬貫家產，還不如窮鐵匠開心！」富人想了想，笑著說：「我能讓他們再也唱不出來！」於是拿了兩條金條，丟了過去。

鐵匠夫妻第二天打掃院子時，發現兩條金條，心裡又高興又緊張。為了這兩條來歷不明的黃金財寶，他們連工作也不做了。丈夫說：「我們用金條買些好的田地。」妻子說：「不行！金條被人發現，會懷疑是我們偷來的。」丈夫繼續說：「那把金條藏在壁爐裡？」妻子搖搖頭說：「藏在壁爐裡，會被孩子發現。」他倆商量了好一陣子，誰也想不出好辦法。

從此，夫妻的生活過得非常不安穩，也聽不到他倆的歡笑和歌聲了。富人見狀，對他的妻子說：「你看，他們不再說笑、不再唱歌了吧！辦法就是這麼簡單。」

人的煩惱，多半來自於自私、貪婪，來自於嫉妒、攀比，來自於對自己的苛求。

例如有位老太太，請了油漆匠到家裡粉刷牆壁。油漆匠一走進門，看到她的丈夫雙目失明，頓時流露出同情的神情。可是男主人開朗而樂觀，油漆匠工作了幾天，兩人談得很投機。油漆匠也從未提起男主人的缺陷。

工作完成後，油漆匠拿出帳單，老太太發現，對方在原來談妥的價錢上打了一個很大的折扣。她問油漆匠：「怎麼少算了這麼多呢？」油漆匠回答：「我跟你先生在一起，覺得很快樂，他對人生的態度使我認知到自己的處境並不是最糟糕的。減去的那一部分，算是我對他表示的謝意，因為他使我不再把工作看得太苦！」油漆匠對丈夫的崇敬，讓老太太熱淚盈眶。而其實，這位慷慨的油漆匠，其實也只有一隻手。

態度就像磁鐵，不論我們的思想是正面還是負面，我們都受它的牽引。而思想就像輪子，使我們朝一個特定的方向前進。雖然我們無法改變人生，但我們可以改變人生觀；雖然我們無法改變環境，但是我們可以改變心境。

在生活中，我們會碰到無數問題，這些問題到關鍵時刻就會集中爆發出來。我們終日輕鬆度日、若無其事。可是，一旦問題變得嚴重了，麻煩就會占據你所有本該快樂的時間。這種時候怎麼辦呢？解決它。之後，我們的生活就會變得比以前更好。你或許會認為，有的問題是可以解決的，有的問題卻解決不了。比如，你無法改變自己的容貌，或是你不是出生在富貴之家。可是這又算得了什麼？上帝給你的一切，都有它的道理，你在一方面欠缺，在其他方面卻有可能超人一等；你不是富人的後代，但或許能成為家族裡開闢偉大事業的第一人。

停止抱怨是快樂的開始

世間沒有完美的事物，如果用挑剔的眼光來看待周圍的一切，你總會發現令你不滿意的地方，也總會存在讓你抱怨的人和事，然後讓自己不愉快，讓工作沉悶，讓生活毫無樂趣。與其如此，何不停止抱怨，找尋工作和生活中的樂趣，發現別人身上值得欽佩的地方，欣賞並且讚許他們呢？其實，快樂就在我們身邊。

抱怨除了帶給我們更多的煩惱，帶給我們更差勁的人際關係，帶給我們失敗的前途，帶給我們更疲憊的生活之外，什麼都不能給我們。與其如此，我們何不停止抱怨，開始快樂的生活呢？其實，我們只要試著改變自己，改善自己和周圍一切的關係，快樂的生活就會等待著我們。

快樂是人們最多的話題，很多人覺得自己並不快樂，也沒有別人過得幸福。一個國際研究組織曾對二十五個已開發國家進行了一項有關「你每天是否快樂」的調查，結果顯示，百分之六十以上的人回答並不快樂。其中百分之二十的人認為自己「每天都不快樂」，百分之六十的人常常生活在抱怨中。是什麼讓這麼多人不快樂呢？又是什麼讓我們總在抱怨生活帶給我們的苦惱呢？那是因為抱怨讓他們迷失了心智。

舉例來說，有一位男子名叫列賓，他和朋友在雪後去散步，朋友瞥見路邊有一片汙漬，顯然某戶人家的寵物留下來的排泄物，於是朋友就用靴子的尖端鏟起雪，用雪和泥土把它覆蓋，嘴裡還不停地抱怨著：「哪一家的主人，讓自己家的寵物這樣汙染環境！」但是列賓卻在旁邊靜靜地說道：「你知道嗎，每天我都會故意走到這邊來，欣賞這一片美麗的琥珀色。在白雪皚皚的冬天，這也是讓人的眼睛感受美的地方。」朋友有些尷尬，並且發現自己覆蓋起來的小土堆使環境變得更骯髒難看。列賓似乎看出了他的尷尬，便在旁邊笑著說：「沒關係，以後我會到這裡欣賞一個小小的土丘。你看，你的小土丘多像幼小的孩童堆起來的小山。我小時候就經常這樣堆小山，這讓我想起了很多關於童年的溫馨往事。」

快樂的人總是看到事物積極的一面，也總能在平凡的生活中發現美麗的景色，就如同故事中的列賓。既然我們都希望自己快樂，為什麼還要抱怨呢？生活中處處都有美景，關鍵是我們有沒有一雙發現美的眼睛；生活中也處處都有令人開心的事，關鍵是我們是不是擁有一顆追逐快樂的心。

因此，停止抱怨，開始快樂地看待你周圍的一切吧！不要抱怨自己學歷不高，儘管你只是錄取了普通的大學，但只要你努力，學校的資源應有盡有，善用一切就能在畢業前完成一份漂亮的就學履歷；不要抱怨自己的薪資過低，因為你的工作不用承受太大的壓力，也不用像主管一樣不能擁有完整的節假日，至少你可以在下班後享受休閒的時光；不要抱怨和同事的關係不良，至少你面對的不是不講理的人群；不要抱怨你的主管管理不善，公司只要還在發展，便為你創造了一個安定的就業平臺，讓你可以維持正常的生活。

埋葬昨天，忘記私怨

與其恨我們的敵人，不如憐憫他們，並感謝上天沒有讓我們跟他們一樣經歷同樣的人生。與其詛咒、報復我們的敵人，不如給予他們諒解、同情、援助、寬容，以及為他們祈禱。要知道，快樂的生活需要你忘記私怨。

埋葬昨天，忘記私怨，並不是每個人都能做到的，因為這是包容的極致，是一種高尚的品德。但如果你做到了，那麼，你的天空將變得格外晴朗，你的世界將充滿陽光。

就好比一位名為阿里的作家，和朋友吉伯、馬沙一起外出旅行。三人行經一處山谷時，馬沙失足滑落，幸虧吉伯拚命拉住他，才將他救起。馬沙於是在附近大石頭上刻下：「某年某月某日吉伯救了馬沙一命。」三人繼續走，來到一處河邊，吉伯跟馬沙為了一件小事吵了起來，吉伯一氣之下打了馬沙一耳光。馬沙在沙灘上寫下一段話：「某年某日某時，吉伯打了馬沙一巴掌。」後來，阿里好奇地問馬沙，為什麼要把吉伯救他的事刻在石頭上，又將吉伯打他的事寫在沙灘上。馬沙回答：「我永遠感激吉伯救我。至於他打我的事，我會隨著沙灘上的字消失而忘得一乾二淨。」

在感恩與記仇之間，馬沙選擇了感恩。因為記住別人的恩情，不僅能使別人感到輕鬆而愉悅，也將使自己的生活變得美好而充實。

再舉一個例子，海爾曼博士是一位醫術高超、醫德高尚的醫師，他的診所非常有名，在市區裡沒有人不知道海爾曼和他的診所。然而海爾曼是個倔強的男人，個性就像一把最好的手術刀，堅硬鋒利。

有一天夜裡，他的診所被一個竊賊潛入，僅有的現金和幾樣珍貴的藥物都被竊賊放在背包裡準備帶走。不料，竊賊在慌忙中撞倒了吊瓶支架，又被氧氣罐絆倒，摔斷了小腿，再也爬不起來了。這時，海爾曼和助理從樓上下來，助理說：「打電話讓警察把他帶走吧！」

「不，在我診所的病人不能這樣出去。」海爾曼自顧自地把小偷抬上手術臺，連夜做了手術，並打上了石膏繃帶，並把竊賊留在診所裡，直到徹底治好才交給了警察。

助手說：「他偷了您的財物，您怎麼還為他治療呢？」

「因為救死扶傷是醫師的天職。」

竊賊自然萬分感激，但在海爾曼將他交給警察前，他懇求海爾曼把他放走。他說：「海爾曼博士，您不愧是上帝的兒子，我願再次得到您的拯救，不到那陰森的牢房裡。」海爾曼博士兩手一攤，說：「先生，對您的這個要求，我這把手術刀就無能為力了。」

事實上，當我們告別了昨天，也就擁有了一個完整和充滿希望的今天。自誇、自私、貪婪、諷刺、仇恨、嫉妒、自憐、邪念、自我意識強烈，這些性格就好像是寄生在人們身上的水蛭，會帶給他們痛苦，使他們生病，甚至奪走他們的生命。你可以仇恨這些害蟲，但是應該同情被水蛭所害的人。

去愛一個可愛的人並非難事，難的是去愛不可愛的人。要求自己去體諒一個自大、傲慢、尖酸、刻薄、自私、自傲或粗魯的人，這確實是一個很大的考驗。了解這些人確實很困難，因為你需要費心思去了解這些人受過的傷害，某段經歷或人事物使這些人覺得不受重視而且不被需要，不過，不要讓那些原因造成你的漠視和偏見，進而使別人永遠痛苦。

你有快樂的資本

正所謂「尺有所短，寸有所長」，每個人都有自己的長處。如果你善於發現自己的長處，並且在這方面努力奮鬥，你的生命就會增值，而你也會在經營自己的長處時體驗到無比的快樂，你的長處也就是你快樂的資本。

有一句話叫「境由心生」。很多時候，人的痛苦與快樂，並不是由客觀環境優劣決定的，而是由心態、情緒決定的。就像路邊的小草，被人踩來踩去，卻還是堅強地活著，它站起來，接受大自然給予的陽光、雨露，所以，它比溫室裡的花朵更有生命力。

那麼，人為什麼會不快樂、不幸福呢？就是因為這些人只看自己沒有的，不看自己擁有的。我們需要做的，就是發現自己身上閃光的地方，抓住自己比別人強的地方，用自己的長處來彌補自己的不足。

黃美廉是臺灣著名畫家，也是畫界的傳奇人物。因為她和別人不一樣，她出生時因意外患上了腦性麻痺，因此全身的運動神經和語言神經都受到了不同程度的傷害，面部畸形，口水流淌，無法講話。但是黃美廉並沒有因此而自暴自棄，她一直尋找著自己獨特的地方，並且一直認為自己可以成為一個對社會有用的人。終於，在小學二年級的時候，在老師的啟發下，黃美廉發現自己有繪畫天賦，於是，她開始朝著這個方向努力。國中畢業後，黃美廉先後進入洛杉磯學院和加州州立大學修讀藝術，身體的殘疾絲毫沒有打敗她的信心，反而讓她更加堅定自己的信念。在付出比常人多出百倍的努力之後，黃美廉最終取得美國加州大學藝術博士學位，而她的畫展也轟動了世界。

在一次演講會上，一位國中生問她：「黃女士，妳從小就長成這個樣子，請問妳怎麼看妳自己？妳難道從來都沒有怨恨過嗎？」

在場的很多人都責怪這個學生提出了這麼一個不敬的問題，擔心黃美廉會不開心。出乎眾人意料的是，不能說話的黃美廉嫣然一笑，十分自然地在黑板上寫下了這麼幾行字：「我好可愛！我的腿很長很美！爸爸媽媽那麼愛我！我會畫畫，我會寫稿！我有一隻可愛的貓！上帝這麼愛我！還有……」最後，她以一句話做結論：「我只看我所擁有的，不看我沒有的！」

世界上的工作千萬種，對人的素養要求各不同，只要願意尋找，只要願意努力，你總能找到適合自己發展的一片天地，總能發現讓自己快樂的資本。就好比一個窮困潦倒

的年輕人到銀行去應聘警衛的工作。然而他除了自己的名字外，什麼都不會寫，自然沒有得到那份工作。失望之餘，他向友人借錢去了美國。許多年後，一位大企業家在華爾街的豪華辦公室舉行記者會。記者會上，一位記者提出希望他能寫一本回憶錄，這位企業家回答說：「這不可能，因為我根本不會寫字。」所有在場的記者都甚為吃驚，這位企業家接著說：「萬事有得必有失。如果我會寫字，那麼我今天仍然只是一個門衛而已。」是的，這位企業家就是當年因為不會寫字而得不到工作的年輕人。

在這個世界上，每個人都有自己潛藏的獨特天賦，這種天賦就像金礦一樣，埋藏在我們平淡無奇的生命中。成功的人往往是那些善於挖掘自己的金礦，並且腳踏實地地經營自己的金礦的人。他們懂得如何發揮自己的優勢，從而改變自己的人生。

盧梅坡有詩云：「梅須遜雪三分白，雪卻輸梅一段香。」說的就是梅花雖然沒有白雪純潔、白淨，但是卻比白雪多了一份甜香。所謂的教育程度不高、缺乏經驗、沒有職稱，甚至身體殘疾，其實都不是成才的障礙，只要你善於發掘自己的潛力，發現自己的長處，發揮自己的優勢，就能找到適合自己發展的道路，創造美好的人生。

讓憂慮到此為止

有了值得「炫耀」的豐功偉績，不妨理智地加以誇大；遇到「難以啟齒」的糟糕事，不妨鍛鍊一下自己的健忘能力，把它忘得一乾二淨。能夠停止憂慮就能快樂，事情其實就是這麼簡單！

很多人常常感到煩惱，覺得苦悶，因而總在迷迷糊糊中過日子。其實，現實是最真實的，看清楚了就行動，很多煩惱就煙消雲散了。正如美國作家查爾斯．吉特奧所說的：「只要能把事情看清楚，問題就已經解決了一半。」

但是，如果你放縱自己的悲觀情緒，那麼憂慮將伴隨你一生。就好比有一位患者這樣訴說他的憂慮，早晨起床，他剛想打開窗戶透透氣，突然想起新聞報導中，城市空氣汙染的嚴重狀況，呼吸這樣的空氣可能致癌。他端起一杯咖啡，卻突然記起健康專家的忠告，喝過量的含興奮劑的飲料會引發心臟病。他走下樓梯，眼前又突然出現一個月前鄰居不慎摔死在樓梯上的情景。時時刻刻都可能發生的危險使他心中充滿恐懼。

事實上，要想克服一些瑣事引起的煩惱，只要把看法和重心轉移一下就可以了——讓自己有一個新的、開心一點的看法。下面這位美國水兵的回憶日記就能讓你有所感悟：

第十章　停止抱怨，快樂生活

一九四五年三月，我在中南半島附近兩百七十六公里深度的海下，學到了一生中最重要的一課。當時，我正在一艘潛水艇上。所有人都從雷達上發現一支日軍艦隊——一艘驅逐護航艦、一艘油輪和一艘布雷艇正朝我們這邊開來，我們發射了三枚魚雷，都沒有擊中。突然，那艘布雷艇直直朝我們開來（因為有一架日本飛機把我們的位置用無線電通知了它）。我們潛到一百五十公里深度的地方，以防被偵察到，同時做好應付深水炸彈的準備，還關閉了整個冷卻系統和所有的發電機器。

三分鐘後，日本的布雷艇開始發射深水炸彈。天崩地裂，六枚深水炸彈在四周炸開，把我們壓到海底——兩百七十六公里深度的地方，深水炸彈不停地投下。整整十五個小時，有二十幾枚炸彈就在離我們五十公里處爆炸。如果深水炸彈距離潛水艇不到十七公里的話，潛艇就會被炸出一個洞來。當時，我們奉命靜躺在自己的床上，保持鎮定。我嚇得無法呼吸，不停地對自己說：「這下死定了。」潛水艇的溫度幾乎有三十多度，可我卻全身發冷，一陣陣冒冷汗。——五個小時後，攻擊停止了。顯然那艘布雷艇用光了所有的炸彈後便離開了。這十五個小時，我感覺好像是一千五百萬年。我過去的生活一一在眼前浮現，我記起了做過的所有的壞事和曾經擔心過的一些很無聊的小事，我曾擔憂沒有錢買房，沒有錢買車，沒有錢為妻子買好衣服。下班回家，常常和妻子為一點小事而吵架。我還為我額頭上一個小疤，一次車禍留下的傷痕感到憂愁。那些令人苦惱的事，在生命受到威脅時，顯得那麼荒謬、渺小。我對自己發誓，如果我還有機會再看到太陽和星星的話，我永遠不會再為一點小事感到煩惱、焦慮。在這十五個小時裡，我從生活中學到的，比我在大學念四年書學到的還要多得多。

這位水兵的經歷告訴我們，沒有一個人是一帆風順的，因此每個人都必須鍛鍊應付挫折與難關的能力，只要具備了這種能力，就能有效克服，並調理好情緒。

當我們憂慮擔心時，一定要問自己三個問題：

第一，你現在正在擔心的問題，和自己有何關聯？

第二，在這件令你憂慮的事情上，你應在何處設置「到此為止」的最低限度？

第三，你的憂慮是否超過了事情的價值？

仔細思考這些問題，你就能從中得到啟發。別再為了小事感到煩憂了，杞人憂天帶來的結果並不是防患於未然，而是將自己推進永無止盡的焦慮！

快樂掌握在自己手中

樂觀的生活態度也可以使人快樂。我們不要因為外在的環境而影響我們的快樂，哪怕是不幸的遭遇，最重要的是我們要揚起生活的風帆，坦然地面對和前進。

快樂既然是一種心境，我們就有權決定自己高興不高興，快樂不快樂。只要我們不受外界因素的迷惑，快樂事實上在我們自己的手中。

四十七歲的美國人南希，在眾人的眼中是一個成功的職業女性。她獨立、有才能，有私人飛機，在郊區還有一套大房子，經常出入一些重要聚會。有很多人都羨慕南希，可是她卻有許多別人不知道的煩惱。南希說：「雖然我的成就讓人刮目相看，我卻想不透大家誇讚我什麼。我這一輩子都在努力成就這樣或那樣的事，可是現在我卻懷疑『成就』是指什麼了。我永遠在壓力下工作，沒有時間結交真正的朋友。就算我有時間，我也不知道該如何結識朋友了。我一直在用工作來逃避必須解決的個人問題，所以我一個任務接一個任務地去完成，不給自己時間去想一想我為什麼要工作。假如時間可以倒退十年，我會早一點放慢腳步考慮一下，學會用心地去生活，那就不會像現在這樣感覺匱乏了。」

過一種簡單的生活，這是一種全新的生活藝術和哲學。它首先是要外部生活環境的簡單化，因為當你不需要為外在的生活花費更多的時間和精力時，才能為你的內在生活提供更大的空間與平靜。其次是內在生活的調整和簡單化，這時候的你就可以更加深層地認識自我的本質。現代醫學證明，人的身體和精神是緊密聯繫在一起的，當人的身體被調整到最佳狀態時，人的精神才有可能進入輕鬆時刻。而當人的身體和精神進入佳境時，人的靈魂、生命力才能更加旺盛，然後才能達到更上一層樓的境界。

你是否真正明白自己現在的感受？你的時間為什麼總是很緊迫？有沒有更簡單一點的生活方式？也許你早已經習慣了都市快節奏的生活，你不必離開它，更不必讓生活後退，你只需要換一個視角，換一種態度，改變那些需要改變的、繁雜的、無真實意義的生活，然後全身心地投入到自己的生活中。無論你是在城市還是在鄉村，無論你是貧窮還是富有，無論你在哪裡，你都可以享受到生活的酸甜苦辣，都可以感受藍天、空氣、陽光和大自然的魅力，都可以追求人與人之間的親情、愛情和友誼，進而營造快樂的生活氛圍。

很多人習慣於從別人的肯定中獲得快樂，而很少有人從別人的否定中肯定自我，這其實是一種前進之道，也可以找回真實的自己，而那些習慣於別人肯定的人，常因別人附和他的喜好，而使自己迷失。

成熟有智慧的人不必乞求別人使他快樂，他把快樂的鑰匙緊攥在自己的手中，永遠掌握著自己的快樂。他們還是快樂的傳播者，能把快樂帶給別人。但我們大多數人卻常常在不經意中把快樂的鑰匙交付別人保管。生活中有很多人無法掌控自己的快樂的，他們任人擺布，而這種人也往往不會討人喜歡。

擁有樂觀的生活態度才有積極正向的生活能量，試著掌握自己快樂的祕訣，你會發現人生處處美好，每一件人事物的出現，都值得你去學習與借鏡！

快樂源於健康的心態

請舒展你緊皺的眉頭吧，不要陷入生活中不如意而心煩意亂、情緒消沉。因為你消極，生活便會暗淡；你積極向上，生活就會給你許多快樂。

舉例來說，有一個小女孩每天都從家裡走路去上學。一天早上天氣不太好，雲層漸漸變厚，到了下午風漸漸變大，不久便開始閃電、打雷、下大雨。小女孩的媽媽很擔心，她擔心小女孩會被打雷嚇到。眼看雷雨下得愈來愈大，閃電像一把銳利的劍刺破天空，小女孩的媽媽趕緊開著她的車，沿著上學的路線去找小女孩。當她看到自己的小女兒一個人走在街上，卻發現每次閃電時，她都停下腳步抬頭往上看，並露出微笑。看了許久，媽媽終於忍不住叫住她的孩子，問她說：「妳在做什麼啊？」

她說：「上帝剛才幫我照相，所以我要笑啊！」

生活中的苦樂全在於我們的感覺，凡能改變心境者就能改變生活！

生活往往就是這樣，在一些人眼裡看來很不盡如人意的事情，在另一些人的眼中卻是一種滿足。在工作中，這種情況也是屢見不鮮的。我們總有太多的事情要做，而通常的情況是我們沒有足夠的時間或是精力去完成它們。所以，我們就會找出這樣或那樣的理由為自己開脫，把過錯推給別人。

正如前面所講的故事一樣，當我們遇到不友善的環境時，我們是有能力去選擇該如何面對的。我們可以抱怨周圍的人和事，也可以積極地正視它，把挫折變為一種奮鬥的動力。積極樂觀的態度往往可以改變我們的境遇，從而改變我們的生活。人的一生中，難免會遇到各式各樣的問題，總會遇到一些不稱心的人、不如意的事。此時，應該以什麼樣的心態面對這一切？我們應該以健康、平和的心態應對生活中的一切。

例如，有一天，有位僧人問佛：「祢天天都那麼快樂，看不出有一點憂愁，並且世上還有那麼多人信奉祢。可我想對祢說句真心話，行嗎？」佛就笑著說：「你說吧！」僧人說：「我跟隨祢這麼多年，其實祢什麼都不是……」此時，佛並沒有勃然大怒，更沒有一點生氣的樣子，而是耐心聽完了僧人所說的話。最後，佛心平氣和地對僧人說：「我從沒有這樣看過你。這幾十年來，你雖沒有什麼大的貢獻，但你付出的艱辛我都看在了眼裡，你是一個很有上進心的人。」

僧人聽了佛說的話後，恐慌地說：「佛啊！祢不會因為我這樣說祢，祢就來加害於我吧？」

佛哈哈大笑著，說：「你都說我什麼都不是了，我怎麼加害於你呢？」佛接著說：「你之所以不快樂，是因為你的心理有問題，你的心態不好呀；而我快樂，是因為處處與人為善、心態平和呀！」

你可以自由選擇快樂

怎樣才能讓自己變得快樂呢？學會放下，學會知足，學會選擇，這樣我們才能快樂，才能幸福。其實，人的幸福與快樂就是如此簡單：心態平和，學會放下，學會知足，學會正確地認識自己。

快樂是什麼？簡單地說是一種生活方式，嚴肅地說是對生活的態度。快樂與否，不在於有多高的收入、體面的工作或是什麼樣的社會地位，快樂不快樂在於自己的心。

快樂是什麼？快樂是知足。世上所有的苦難都源於人的不知足。知足不是不思上進，不是貪圖安逸，是對自己所擁有的東西理智地接納，而不是偏執地強調一定要達到什麼樣的標準和高度。快樂有時像貓的尾巴，當你刻意去追尋它時，它總在你的面前，卻總差那麼一點點，失之交臂；當你平靜下來，順其自然，用平和的心態去面對一切時，快樂的尾巴就緊緊追隨在我們左右。

快樂是海納百川，世間最廣闊的是人的胸懷。人活在世上不可能事事一帆風順，難免會遇上不公的待遇或不順心的事情。遇上難題，首先要坦然，憤怒、悲傷、怨天尤人都於事無補。所有的事情都是福禍相依，沒有絕對的好事，也沒有絕對的壞事，關鍵在於自己的選擇。人是感情動物，恩怨情仇都會遇見。寬容，解脫的是自己的心靈。為什麼有很多人不快樂呢？那是因為他們不知道選擇，許多事情不肯忘記，不願接受、容納別人的錯誤，繼而用這個錯誤來懲罰自己。

快樂是什麼？快樂是心理的自我調整和對事情的態度。一件事情發生在不同的人身上，會產生不同的情緒。這是因為大家看問題的角度不同，「橫看成嶺側成峰，遠近高低各不同」，聰明的古人早就明白這個道理。魯迅筆下的阿Q是個底層人物，生活在社會的最底層，但你能說他不快樂嗎？雖然他的快樂簡單、淺薄，甚至自欺欺人，但「阿Q精神」的確也有讓人們借鑑的地方，那便是：在劣勢中找到心理上的平衡。

大千世界中，作為萬物靈長、情感豐富的人類，總有些快樂與煩惱，欣喜與悲愁，

把人生搞得痛苦不堪。那麼，人生怎樣才能變得快樂呢？學會放下，學會比較，學會知足，學會選擇，這樣我們才能快樂，才能幸福。其實，人的幸福與快樂就是如此簡單，心態平和，學會放下，學會知足，正確地認識自己。

日本有一項國家級的獎項，叫「終生成就獎」。素來都把榮譽看得比自己生命更為重要的日本人心目中，這是一項人人都夢寐以求卻又高不可攀的至高榮譽。在日本，有無數的社會菁英、社會人士一輩子努力奮鬥的目標，就是希望能夠獲得這項大獎。但最近一屆的「終生成就獎」，卻在舉國上下的期盼和矚目中，出人意料地頒發給了一位名叫清水龜之助的小人物。

清水龜之助是東京的一名郵差，他每天的工作就是將各式各樣的郵件快速而準確地投送到每一個相關的家庭。與那些長期從事能夠推動人類歷史快速發展的高尖端科技研究的專家學者們相比，清水龜之助所從事的工作簡直就是微不足道的。然而，就是這位長期從事著如此平淡無奇的郵差工作的清水龜之助，卻無可爭議地獲得了這項殊榮。

在清水龜之助從事郵差工作的整整二十五年中，他的工作態度始終和他到職第一天的那種認真和投入沒有什麼兩樣。在不算短暫的二十五年中，他從未有過請假、遲到、早退、曠職等不良情況。而且他所經手投遞的數以億計的郵件，從未出現過任何差錯。

不論是狂風暴雨，還是天寒地凍，甚至在大地震的災難當中，他都能夠及時而準確地把郵件投送到收件人的手中。

是什麼樣的力量支持著清水龜之助幾十年如一日持之以恆地把一件極為平凡普通的工作，鑄造成了一項偉大無比的成就呢？清水龜之助對此不無感慨地說：「是快樂，我從我所從事的工作中感受到了無窮的快樂。」

清水龜之助說，他之所以能夠二十五年如一日地做好郵差這份工作，主要是他喜歡看到人們在接獲遠方的親友捎來的訊息時，臉上出現的那種發自內心的快樂而欣喜的表情。自己微不足道的工作，竟然能夠給別人帶來莫大的心靈安慰和精神快樂，這使他感到更大的欣慰和快樂，所以他覺得自己的工作神聖而有意義。他說，只要一想起收件人臉上蕩漾開來的那種快樂表情，即使再惡劣的天氣，再危險的境況，也無法阻止他一定要將郵件送達的決心。

快樂心態，讓清水龜之助在平凡的職位上，一做就是二十五年。

著名作家拿破崙·希爾也曾說過：「人與人之間只有很小的差異，但是這樣小的差異卻往往造成巨大的差異，很小的差異就是所具備的心態是積極的還是消極的，巨大的差異就是成功與失敗。」

有一篇文章提到三句話：「我可以」、「太好了」、「你有困難嗎？我來幫助你」。用「我可以」三個字來激勵自己，你會找回人最寶貴的精神——自信。用「太好了」的心態去對待事情，你會發現自己的臉上總是掛著微笑。用「你有困難嗎？我來幫助你」去對待別人，你會得到更多的朋友。使用這三句話，你會發現周圍的一切都沒變，但你的心態發生了變化，你看身邊的一切時，心情會變得快樂，變得開朗。讓我們在生活中常常使用這三句話吧！讓我們人人都擁有快樂的人生，讓整個社會變得更加溫馨和諧。

愁眉苦臉地過日子

生活中所遭遇的種種困難與挫折就是拋在我們身上的「泥沙」。然而，換個角度看，它們也是一塊塊的墊腳石，只要我們鍥而不捨地將它們抖落掉，然後站上去，那麼即使是掉到最深的井中，我們也能安然地脫險。

不幸的遭遇並非就是世界末日，有時候，它還是促使我們採取行動的催化劑，對改善現狀大有好處。

印度詩人泰戈爾曾說過：「生活並不是一條人工開鑿的運河，不能把河水限制在一些規定好了的河道內。」的確，現實中不幸的、痛苦的事情總會有的，我們在人生的路途中總會遇到多種多樣的失望，比如考試落榜、失戀、工作失敗等等。

一九六三年的秋天，郭沫若到普陀山遊覽，在梵音洞裡偶然拾到一本筆記，打開來一看，扉頁上寫有一聯「年年失望年年望，處處難尋處處尋」、橫批「春在哪裡」。翻看下去，裡面寫著一首絕命詩，還寫下當天的日子。郭沫若看完，急叫隨行的朋友即刻尋找失主。眾人四下裡找尋，終於及時找到了那欲絕命之人，原來是一位神色憂鬱、行動失常的女孩。經過了解，這位女孩因為大學考試三次落榜，愛情又遭受了挫折，於是決心「魂歸普陀」。郭沫若關心地對她說：「下聯和橫批太消沉了，我替你改一改，妳覺得如何？」女孩低頭不語，郭沫若便開始吟詩道：「年年失望年年望，事事難成事事變」橫批：「春在心中。」這一改，使女孩感佩不已。一個「春在心中」的教誨，改[illegible]位女孩對人生的態度。

一個年輕人的經歷也能讓我們有所感悟。在某一年裡，這位年輕人連續失去了六份工作。北風呼嘯的寒冬裡，他瑟縮在小屋裡，向朋友訴說自己的沮喪。

他擁有多益藍色證書，第一家公司卻認為他口語不過關；他是電腦程式員，第二家公司卻嫌他打字速度太慢；第三家公司，他與部門主管不和。接連第四家，第五家……

他黯然地說：「一次次全是失敗，讓我浪費了一年的時間。」

友一直耐心聆聽，直到年輕人的抱怨全部傾瀉而出，才悠悠地說：

「講個笑話給你聽吧。一個探險家出發去北極，最後卻到了南極，人們問他為什麼，探險家答：『因為我帶的是指南針，我找不到北。』」

年輕人聽完這個故事，困惑地說：「怎麼可能呢？南極的對面不就是北極嗎？轉個頭就可以了。」

朋友反問：「那麼失敗的對面，不就是成功嗎？」

在那一瞬間，這位年輕人如夢初醒，徹底懂得了失敗的寶貴。

所謂失敗，是令你溺水的深海，也是能為你解渴的甘泉。記住，失敗的對面就是成功！永遠不要認為失敗就是一切，所謂「失敗為成功之母」，經歷過失敗才能吸取錯誤的教訓，在下次的機會中才能利用正確的知識完成目標。別因為眼前的難關或重重的挫折而感到沮喪，你必須先相信自己會成功，你才會真的成功！

展開屬於你自己的革命，去創造屬於你的輝煌人生吧！

國家圖書館出版品預行編目資料

別拿他人的過錯來懲罰自己：同事好煩、上司好兇，都是我的錯？換個角度看世界，美好其實就在身邊 / 王郁陽，羅烈文編著 . -- 第一版 . -- 臺北市：崧燁文化事業有限公司，2022.05
面；　公分
POD 版
ISBN 978-626-332-345-2(平裝)
1.CST: 修身 2.CST: 生活指導 3.CST: 自我實現
192.1　　111006116

別拿他人的過錯來懲罰自己：同事好煩、上司好兇，都是我的錯？換個角度看世界，美好其實就在身邊

編　　著：王郁陽，羅烈文
發 行 人：黃振庭
出 版 者：崧燁文化事業有限公司
發 行 者：崧燁文化事業有限公司
E-mail：sonbookservice@gmail.com
粉 絲 頁：https://www.facebook.com/sonbookss/
網　　址：https://sonbook.net/
地　　址：台北市中正區重慶南路一段六十一號八樓 815 室
Rm. 815, 8F., No.61, Sec. 1, Chongqing S. Rd., Zhongzheng Dist., Taipei City 100, Taiwan
電　　話：(02)2370-3310　　**傳　　真**：(02) 2388-1990
印　　刷：京峯彩色印刷有限公司（京峰數位）
律師顧問：廣華律師事務所 張珮琦律師

定　　價：320 元
發行日期：2022 年 05 月第一版
◎本書以 POD 印製